Karl Rausch

Das Problem der Armuth

Vorlesungen über die sociale Frage

Karl Rausch

Das Problem der Armuth
Vorlesungen über die sociale Frage

ISBN/EAN: 9783743626812

Hergestellt in Europa, USA, Kanada, Australien, Japan

Cover: Foto ©Suzi / pixelio.de

Weitere Bücher finden Sie auf **www.hansebooks.com**

Das
Problem der Armuth.

Vorlesungen über die sociale Frage

von

Dr. Karl Rausch,
Professor an der Wiener Handels-Academie.

Berlin.
Verlag von Elwin Staude.
1891.

HV31
.R3

47535

Inhalt.

	Seite
Einleitung	1
Das Naturgesetz der Armuth	11
Fortschritt und Armuth	42
Der Kampf gegen die Armuth	89

Alle Rechte vorbehalten.

Gedruckt bei Julius Sittenfeld in Berlin W.

Einleitung.

Die nachfolgenden Vorlesungen sind im Winter 1888/89 gehalten worden. Der rasche Fortschritt unserer Zeit hat manches seither zur Verwirklichung gebracht, was damals einen utopistischen Charakter zu haben schien. Große Ereignisse haben sich in Deutschland vollzogen. Ein junger Kaiser steht an der Spitze des Reiches und Bismarck ist nicht mehr Kanzler. Die Konturen seiner Socialpolitik rücken verblassend in die Ferne und neue Ideen, neue Gesichtspunkte kommen zur Geltung. Es wäre ein Leichtes gewesen, die erzielten Fortschritte und die eingetretenen Änderungen in der Wirthschaftspolitik des deutschen Reiches und Österreich-Ungarns in den betreffenden Ausführungen der nachfolgenden Vorlesungen zu berücksichtigen. Aber es würde hierdurch an den principiellen Gesichtspunkten nichts geändert und in den Details ein fremdes Element hinzugefügt worden sein, das vielleicht störend gewirkt hätte. So hat der Verfasser es denn vorgezogen, die Vorlesungen unverändert zu lassen.

Bei der ungeheueren Ausdehnung des Stoffes, welcher den Vorlesungen zu Grunde liegt, und bei der äußersten Beschränkung der Zeit, die zur Behandlung desselben zur Verfügung stand, mußte der Verfasser von der sonst üblichen Form wissenschaftlicher Untersuchung absehen. Es handelte sich darum, ein Gebiet, auf welchem der Streit politischer Meinungen und die emsige Arbeit wissenschaftlicher Forschung sich begegnen, in populärer Weise darzustellen und die brennenden Fragen desselben vor einem Publikum zu erörtern, dem die wissenschaftliche Methode fremd und unverständlich ist. Und doch wollte der Verfasser es vermeiden, in den Ton der gelehrten Jahrmarktbuben zu verfallen, in denen die höchsten Probleme des Denkens einem denkfaulen Publikum von professionsmäßigen Marktschreiern der Wissenschaft mundgerecht gemacht werden. Er huldigte der Ansicht, daß schwer zu Begreifendes darum nicht verständlicher werde, wenn es mit banalen Worten gesagt wird. Aber die verhältnißmäßig kurze Frist, die dem Vortragenden gegönnt war, nöthigte zu einer Behandlung des Stoffes, in welcher die Ineinanderfügung der einzelnen Theile nicht mit besonderer Umständlichkeit erfolgen konnte. Zwar die strengsten Forderungen der Logik wurden stets berücksichtigt, oft mußte aber nur ein einziger Zwischensatz das Bindeglied zwischen weit auseinanderliegenden Gedanken bilden, und wenn auch dem geschulten Denker die Lücke in den Deductionen nicht fühlbar wird, und wenn auch der Vortragende durch die Kunst des Vortrages im Stande war, die leichte Gedankenbrücke zu einer festen Straße zu machen, auf welcher seine Hörer bequem mit ihm weiterschritten, der Leser, an breite Darstellung gewöhnt, wird vielleicht einzelne Zwischenglieder vermissen und sich an dem Fehlen derselben verwirren. Darum hält es der Verfasser für zweckmäßig, die wichtigsten Gesichtspunkte und die entscheidenden Voraussetzungen, welche bei seinen Ausführungen Ausgangspunkt und Richtung gaben, hier in Kürze zu skizziren, mit anderen Worten, Inhalt und Resultat seiner Untersuchungen in wenige Fundamentalsätze zu kleiden, mit deren Benutzung es leichter sein wird, den nachfolgenden Vorlesungen zu folgen und sich auch dort nicht verwirren zu lassen, wo scheinbar die logische Deduction in Widersprüche sich verwickelt und in die Propaganda des Gegensatzes sich zu verlieren scheint.

Der Jüngling ist gerne bereit, für die Befriedigung einer Lust des Augenblicks große Opfer zu bringen und werthvolle Güter hinzugeben zur Erlangung von Dingen, deren Werth in keinem Verhältnisse steht zu dem dafür bezahlten Preise. Der Mann dagegen schätzt die Güter nach ihrem wirklichen Werthe, und wenn er alle sorgfältig geprüft hat, so findet er, daß eines alle anderen überrage: die Freiheit. Die Freiheit ist aber ein Kind unserer Civilisation. Darum ist die Civilisation, in welcher die menschliche Freiheit wurzelt, das mächtigste Fundament der menschlichen Wohlfahrt, und sie muß nicht nur unzerstört erhalten werden, sondern durch allmähliche Fortentwickelung sich stetig verjüngen und sich widerstandskräftig erweisen. Demzufolge ist die Vertretung der Civilisation die erste und wichtigste Aufgabe eines Jeden, der die Erscheinungen unserer Zeit einer Prüfung unterzieht. Der Standpunkt, der hierdurch gegeben wird, gleicht einer hohen Warte, von der aus man nicht nur die Ebene, sondern auch die Gebirge und die Thäler übersieht. Von einem so hohen Punkte schaut sich manches anders an, als in der Ebene. Manches, was hier groß erscheint, wird dort klein, und umgekehrt.

Von diesem hohen Standpunkte aus gesehen, verschwinden die Interessen einzelner Classen, und es gibt nur ein einziges Entscheidendes: das Wohl des ganzen Menschengeschlechtes. Die merkwürdigen Voraussetzungen, durch welche die National-Öconomie die herrschenden Zustände theils zu erklären, theils zu rechtfertigen versucht hat, verschwinden von selbst: Es giebt kein Naturgesetz der Armuth, es giebt kein ehernes Lohngesetz, es giebt keine angeborenen Vorrechte, es giebt keine unzerstörbaren Privilegien, es giebt keinen Classenstaat! Die Erscheinungen des Pauperismus sind eine heilbare Krankheit wie dieser selbst, und es bedarf zu dieser Heilung keiner anderen Vorbereitungen als der naturgemäßen Entwickelung der menschlichen Gesellschaft unter Aufhebung ungerechtfertigter, usurpirter Vorrechte und Privilegien.

Jener Theil der heutigen Gesellschaft, welcher das Vorrecht der Bildung vornehmlich für sich in Anspruch nimmt, die Bourgeoisie, hat sich durch einen mißverstandenen Classicismus in Nachtheil gebracht gegenüber der breiten Masse, speciell gegenüber dem arbeitenden vierten Stande. Die gebildeten Bourgeois glauben, gebildet sei nur jener, der einmal den Cornelius Nepos übersetzt oder griechische Buchstaben gemalt hat. Sie übersehen den ungeheueren Irrthum, in dem sie befangen sind; sie übersehen, daß ihnen der practische Arbeiter durch eine auf seine handwerksmäßige Übung und auf das tägliche Bedürfniß des Lebens gerichtete Schulung des Verstandes weitaus überlegen ist. Darum glauben sie auch, daß es heute noch möglich sei, die Auffassungskraft der Angehörigen des arbeitenden Proletariats irre zu leiten, und wir erleben das merkwürdige Schauspiel, daß ein Theil der Bourgeoisie sich in der Pflege des Antisemitismus gefällt, offenbar von der Überzeugung durchdrungen, daß es gelingen werde, den Haß des arbeitenden Proletariats gegen das Capital auf das speciell jüdische Capital abzulenken. Diesen Thoren schließen sich auch einige Aristokraten an, die sich die Propaganda für diese lächerlich-irrthümliche Auffassung schweres Geld kosten lassen. Sie sehen nicht, daß sie sich mit ihrem Gelde nur die Heeresfolge des Lumpen-Proletariats erkaufen, jener Elemente, welche nicht von der Arbeit, sondern von Erpressungen an schwachen Eltern und Geschwistern, oder von der Theilung des Schandlohnes mit feilen Dirnen leben und gern bereit sind, jüdische Schnapsläden oder Wohnungen zu plündern und jüdische Hausierer zu beschimpfen und zu schlagen, weil es ihnen einerlei ist, in welcher Form sie den Krieg gegen die menschliche Gesellschaft führen.

Die Erfolge einer solchen Socialpolitik lassen sich leicht

abschätzen, um so leichter, da wir sehen, wie sehr die Vertreter des vierten Standes diesen Propheten des Antisemitismus an practischer Bildung überlegen sind. Die Arbeiter verzichten heute aus Klugheit auf manche Demonstration, die werthvoller wäre für ihre Zwecke, als es irgend eine Tollheit des Antisemitismus für die Ziele der Bourgeoisie sein kann. Sie beweisen in den Lohnkämpfen zumeist eine Klugheit, mit der sich die in den gelehrten Schulen großgezogenen Kämpen für die Interessen der Bourgeoisie nicht messen können. Sprechen Vertreter der Arbeiter vor der Öffentlichkeit, so zeigen sie selten jene Unbeholfenheit im Ausdrucke oder jene Begriffsstützigkeit in Bezug auf zu erörternde Fragen, die den classisch gebildeten Mitgliedern der modernen Gesellschaft eigen zu sein pflegen. Schon daraus mag die Bourgeoisie erkennen, daß der Kampf, den sie sich zu führen anschickt, sie völlig unvorbereitet trifft.

Sie kann in diesem Kampfe nur siegen, wenn sie zu jenem Idealismus zurückkehrt, aus dem sie entstanden ist. Sie kann nur siegen, wenn sie das Evangelium der Freiheit, Gleichheit und Brüderlichkeit predigt und verwirklicht. Nur wenn die Bourgeoisie erkennt, daß die neu entstandenen Besitzprivilegien ebenso verderblich sind wie die ständischen, gegen die sie sich selbst einstens auflehnte, kann sie sich retten und gegenüber dem Ansturme des vierten Standes behaupten. Ihre Hoffnung, der Staat werde sein Interesse mit dem ihrigen identificiren, beruht auf einer groben Täuschung. Der Staat wird sich stets auf die breiteste Masse stützen, und er wird die Bourgeoisie fallen lassen in dem Augenblicke, in welchem sich der vierte Stand als staatserhaltendes Element erweist. Die Handlungen des deutschen Kaisers, Wilhelm des Zweiten, geben einen Fingerzeig nach dieser Richtung. Die Bourgeoisie darf nicht an Wunder glauben. Sie muß zuerst die Nothwendigkeit

erkennen und dann sich selbst helfen, indem sie dieser Noth=
wendigkeit gerecht wird.

Der vierte Stand hat sich durch den Doctrinarismus,
welcher heute die Bourgeoisie und die theilweise in ihrem
Dienste stehende Wissenschaft beherrscht, nicht täuschen lassen.
Ohne mit logischen Spitzfindigkeiten vertraut zu sein, lediglich
durch die Abschätzung der vor seinen Augen liegenden factischen
Verhältnisse ist der Arbeiter zur Erkenntniß gekommen, daß
die Theorien von einem fixen Lohnfonds, von einer be=
schränkten Zutheilung des Capitals an gesonderte geographische
Gebiete, von der abschreckenden Wirkung steigender Löhne auf
die Unternehmer haltlose, nicht den Thatsachen abgelauschte
Erfahrungssätze, sondern den Wünschen einzelner capitalistischer
Kreise angepaßte Phrasen sind. — Der Arbeiter erkennt ganz
genau, daß die Interessen der Arbeit und des Capitals,
respective der Unternehmer, die gleichen sind. Er erkennt
dies, obgleich das Capital heute nicht im entferntesten geneigt
ist, die Richtigkeit dieser Erkenntniß zuzugeben. Der Arbeiter
weiß, daß die steigende Concurrenz in der Ausbeutung der
Arbeit nicht nur den Arbeiter, sondern noch mehr das Capital
schädigt. Denn diese durch nichts eingeschränkte Concurrenz
zwingt endlich den Unternehmer, unter Bedingungen zu
arbeiten, bei denen nur mehr die Kosten des Materialwerthes
ersetzt werden. Diese Thatsache, die sich unumstößlich aus den
Erfahrungen des arbeitenden Standes ergiebt, zeigt, daß die
Unternehmer durch die Lohnkämpfe der Arbeiter nicht ge=
schädigt werden, daß vielmehr steigende Arbeitslöhne die Basis
für steigende Unternehmergewinne bilden.

Diese Theorie hat zwar bisher keine schulgerechte Be=
gründung erfahren, aber sie ist nichtsdestoweniger maßgebend
für die Entschließungen der Arbeiterschaft, und die nachfolgenden
Vorlesungen liefern den Beweis, daß sie sich auch auf dem
Wege logischer Deductionen erhärten läßt. So finden sich

Unternehmer und Arbeiter bei dem gleichen Ziele. Dies ist aber viel öfter der Fall, als man gewöhnlich glaubt. Der Arbeiter begegnet dem Bourgeois auch in dem Wunsche der Erhaltung und Förderung der gegenwärtigen Civilisations=stufe. Der Arbeiter will das Leben in seiner schönsten und anmuthigsten Form genießen, genau so, wie der Bourgeois, und er ist daher nicht geneigt, von der äußeren Schönheit der Lebensformen etwas abzutreten. Auch der Arbeiter steht demnach auf dem Standpuncte der Erhaltung und Fortbildung der gegenwärtigen Civilisationsstufe. Man muß sich diese unzweifelhafte Thatsache vergegenwärtigen, um zu begreifen, daß die ununterbrochenen Denunciationen der Arbeiterschaft als staats= und civilisationsfeindlich wohl geeignet waren, die Arbeiterschaft zu verbittern und manchen Conflict heraufzu=beschwören, der sonst nicht eingetreten wäre. Dagegen unter=liegt es keinem Zweifel, daß das desorganisirte Proletariat entschieden culturfeindlich ist, und daß die untersten Schichten der Arbeiterschaft, die allerdings nahe an das desorganisirte Proletariat grenzen, wiederholt durch das Treiben wüster Demagogen in diese culturfeindlichen Kreise hineingezogen wurden, eine Möglichkeit, die auch für die Zukunft nicht aus=geschlossen erscheint.

Die geistige Ueberlegenheit des vierten Standes über den Classicismus der Bourgeoisie erhellt am klarsten aus der Thatsache, daß dieser vierte Stand zuerst die Gleichheit der Interessen der gesammten Arbeiterschaft ohne Unterschied der geographischen oder nationalen Verbreitung erkannte und daher eine internationale Vereinigung der Arbeiter schuf, die in ihrer Machtfülle nur theilweise erreicht wird durch die internationale Coalition des Großcapitals. Aber auch die Vertreter des Großcapitals stehen außerhalb der Kreise der classischen Bildung des Mittelstandes, und es ist wohl die schärfste Kritik, die an dem Classicismus geübt werden kann, die Thatsache unwider=

leglich aufzuzeigen, daß diejenigen Schichten des Volkes die herrschenden zu werden sich anschicken, die nicht Theilhaber der classischen Bildung sind. Diese classische Bildung wirkt eben wie ein Scheuleder auf die Bourgeoisie und raubt ihr den freien Ausblick, der ohnedies durch die egoistische Bewachung widerrechtlich errungener Vortheile stark beeinträchtigt erscheint. Diesem beschränkten Gesichtsfelde und der daraus resultirenden Fehlerhaftigkeit des Calculs ist jene Staatshilfe entsprungen, die den wesentlichen Inhalt der Bismarck'schen Socialreform bildete.

Die bloße Darstellung dieses Sachverhaltes genügt also, um zu folgenden Deductionen zu kommen. Die Erhaltung und Fortbildung der menschlichen Civilisation ist die erste Aufgabe der Socialreform: innerhalb dieser Civilisation ist das Glück aller Menschen in möglichster Ausdehnung durch Beschränkung und Aufhebung bestehender Vorrechte und Privilegien des Besitzes zu erstreben. Dies kann nur geschehen unter autoritativer Mitwirkung des Staates. Die Staatshilfe kann mit Erfolg nicht durchgeführt werden durch Erhöhungen der Steuern, welche die breite Masse treffen, sondern dadurch, daß der Staat die nothwendigen Aufhebungen und Einschränkungen der Besitzprivilegien vornimmt, die capitalistischen Kreise zu Opfern für die Gesammtheit nöthigt und die internationale Verständigung über diese Reformen herbeiführt. Die gesammte menschliche Gesellschaft hat bei dieser Staatshilfe mitzuwirken durch freiwillige Bethätigung activer Hilfsbereitschaft gegenüber der Noth der unteren Schichten des Volkes.

Die Entlastung der Arbeit von den Leiden, durch welche heute der Arbeiter bedrückt ist, und von dem Fluche der Armuth, mit welchem die Arbeit zumeist beladen ist, das stellt sich als die eigentliche Aufgabe der eben in den Hauptumrissen umschriebenen Action dar. Es wäre aber das sociale Problem hierdurch nicht völlig gelöst, denn der kleine Unternehmer, der kleine Gewerbs- und Geschäftsmann, der kleine Grundbesitzer, der kleine Beamte, der Lehrer für die unteren Bildungsstufen, sie alle kämpfen heute mit der Noth und sie alle sind eine hilflose Beute des Pauperismus, dem sie nicht verfallen aus eigener Schuld, sondern als widerstandslose Opfer der heutigen Organisation der Gesellschaft. Ja es ist klar, daß die bloße Befriedigung der Wünsche der Arbeiter und die Heilung ihrer Leiden diese unterste Classe der Bourgeoisie, die zwischen die besitzenden und die arbeitenden Bevölkerungsschichten eingeschoben erscheint, materiell völlig zermalmen müßte. Die Staatshilfe in dem von uns früher gedachten Umfange hat hier ihre Hauptaufgabe. Der Staat hat zunächst den Beamtensold auf jenes Minimalausmaß zu erhöhen, bei dem sich für einen gebildeten Mann leben läßt; damit zugleich muß die Erhöhung der Lehrergehalte erfolgen; ferner muß der Staat große Productiv-Associationen für die Gewerbetreibenden und große Vorschußcassen für den kleinen Bauernstand gründen und alimentiren, erstere nach gewerbs= mäßigen Kategorien, letztere nach Territorien, und muß diese Genossenschaften hierdurch dem capitalistischen Großbetriebe gegenüber concurrenzfähig machen. Endlich muß die Con= currenz durch internationale Abmachungen beschränkt werden. Diese Abmachungen werden unter den europäischen Staaten sicher zu Stande kommen, wenn nicht als eine Folge der Einsicht, so doch als eine Folge der Nothwendigkeit durch den baldigst zu gewärtigenden Zusammenschluß der Staaten Amerikas. Dann wird es vier Machtfactoren auf Erden geben: Europa, Amerika, Rußland, China. Alles andere wird diesen gegenüber verschwinden, und kein Bild geschicht= licher Vergangenheit, kein Gebilde dichterischer Phantasie, kein prophetisches Wort philosophischer Forschung vermag uns heute zu künden, in welche Bahnen dann die menschliche Entwickelung drängen wird.

Die alten Culturen sind zu Grunde gegangen, weil sie an der Nichtlösung der inneren Fragen sich so lange schwächten, bis sie barbarischen Eroberern zur Beute fielen. Die Geschichte hat noch kein Beispiel gesehen, daß die menschliche Gesellschaft die inneren Krisen dauernd überwunden und die Begierden der Masse durch Befriedigung unschädlich gemacht hätte. Die Zukunft des Menschengeschlechtes erscheint, eine solche Möglichkeit vorausgesetzt, wie ein Feenland, und wir vermögen nichts anderes zu wünschen, als, gleich dem großen Führer des auserwählten Volkes damit begnadet zu werden, vor dem Sterben einen einzigen Blick auf die gesegneten Fluren dieses Landes zu werfen.

Hetzendorf bei Wien, zu Ostern 1890.

Der Verfasser.

Das Naturgesetz der Armuth.

Was ist Armuth? Ein weiter Begriff, in den so unendlich viel eingepfercht wird, was nicht im Entferntesten damit in Zusammenhang gebracht werden sollte. Wir sehen in der modernen Gesellschaft Arme, die auf Grund öffentlicher oder privater Mildthätigkeit ein recht behagliches Leben führen. Wir sehen Arme, auf deren Leben vollkommen die Beschreibung des goldenen Zeitalters und seiner Genüsse paßt. Wir sehen Arme, die es nur relativ sind, die es nur im Vergleiche zu solchen sind, die mehr besitzen als sie. Nicht diese Armuth ist es, welche das Problem der Socialwissenschaft bildet. Nicht diese Armuth ist es, die Unzufriedene schafft, für deren Unzufriedenheit es scheinbar kein Heilmittel giebt. Wir müssen vielmehr, um die wirkliche Armuth kennen zu lernen, hinabsteigen zu jenen ungezählten Tausenden, welche des täglichen Brodes entbehren, die gleich den Thieren von der Gunst des Augenblickes leben, die thatsächlich nicht wissen, ob sie den Hunger des nächsten Tages auch werden stillen können. Man unterschätzt in der Regel die Summe des menschlichen Elendes, das in dieser Menschenkategorie aufgehäuft ist. Selbst der kleine Mann, dem Kummer und Sorgen Hausgenossen sind, will sich's nicht gerne eingestehen, daß es noch viel, viel Unglücklichere giebt, deren Leiden und Qualen sich von den seinigen nicht nur durch größere Schärfe unterscheiden, sondern auch dadurch, daß ihnen niemals Heilung winkt. Wir müssen, wenn wir von wirklicher Armuth sprechen, die sogenannten unqualificirten Arbeiter, jene Tausende und Tausende ins Auge fassen, die entweder kein Handwerk oder nur wenige Handgriffe eines solchen gelernt haben, deren Ausscheiden aus irgend einem Verbande keine Lücke zurückläßt, weil hundert andere sofort bereit sind, an die leergewordene Stelle zu treten, die auszufüllen keiner besonderen Kunstfertigkeit bedarf. Man nennt diese Menschenclasse nach dem Beispiele des römischen Census schlechtweg Proletarier. Die Lage des arbeitenden Proletariats ist es, mit welcher sich die Socialstatistik und die Socialgesetzgebung vornehmlich zu befassen haben, sie ist es auch, auf welche sich die wissenschaftlichen Untersuchungen der Nationalöconomen vornehmlich beziehen. Denn in dem Fortschreiten der Verarmung, in der wachsenden Zahl der Proletarier liegt das Problem der modernen Civilisation. Wir dürfen die Worte des berühmten Amerikaners Henry George gebrauchen. Er sagt:

„Die Gemeinschaftlichkeit von Fortschritt und Armuth ist das große Räthsel unserer Zeit, ist der springende Punkt, aus welchem die industriellen, socialen und politischen Schwierigkeiten entstehen, welche die Welt in Verwirrung stürzen und mit welcher Staatskunst, Philanthropie und Erziehung vergebens kämpfen. Ihr entspringen die Wolken, welche die Zukunft der vorgeschrittensten und unabhängigsten Nationen verdunkeln. Es ist das Räthsel, welches die Sphynx des Schicksals unserer Civilisation aufgiebt und dessen Nichtbeantwortung Untergang bedeutet."

Dieses Problem, dessen Bedeutung in den Worten Henry George's so scharf präcisirt erscheint, tritt uns entgegen, wenn wir es versuchen, den Begriff der Armuth festzustellen. Dabei müssen wir aber beachten, daß es eine Beurtheilung von einem dreifachen Standpunkte aus finden kann:

1. von jenem der besitzenden Classe, oder wie der technische Ausdruck lautet, von dem des Capitalismus;

2. von jenem der Nichts besitzenden Classe der Proletarier, oder wie man es ohne politische Pointe bezeichnen könnte, von dem des Nihilismus, und

3. von dem allein gerechtfertigten, von dem Standpunkte der Erhaltung und des Fortschreitens der menschlichen Civilisation.

Den ersten Standpunkt nehmen jene ein, die mit Recht beschuldigt werden, daß ihre Sucht nach wachsendem Reichthum und Besitz gar sehr zur Verschärfung des Problems beigetragen hat. Zwar stürzen viele von ihnen im gewaltigen Kampfe um die Vermehrung des Besitzes in den Kreis der Proletarier hinab, aber ihr Fall hat nichts Belehrendes für die Streber an ihrer Seite. Diese sehen es nicht, daß ihre Zahl, scheinbar nur größer werdend, sich stündlich vermindert. Nur wenige Familien behaupten sich dauernd im Besitze, und alle anderen mit Millionen scheinbar Spielenden wechseln ihren Platz wie Statisten, die Könige darstellen. Aus der breiten Mittelschichte steigen sie auf den goldenen Thron, um ihn nach kurzer Herrschaft mit der Trübsal des Armgewordenseins zu vertauschen. Sie haben nur für die Größeren, Mächtigeren, Gewissenloseren gearbeitet, und alle diese würden nur für einen Einzigen unter ihnen arbeiten, der sie alle an Schlauheit und Gewissenlosigkeit überträfe und endlich alles, was Werth hat, in seiner Hand vereinigen müßte, ein Despot, wie noch keiner gelebt, der jede Sünde nicht nur selbst straflos begehen, sondern die schlimmste That von jedem Anderen ohne Widerspruch heischen könnte, der das Symbol der Apocalipse: den Antichrist nicht nur personificiren, — nein, der es wirklich sein würde — wenn die allmächtige Natur nicht alles Werdende vom Beginn der Entstehung mit dem Keim der Zerstörung behaftet hätte und nie irgend eine Bildung bis zum höchsten Maße der Entwickelung gelangen ließe.

Für die Besitzenden giebt es nur einen Standpunkt, nur einen Grundsatz in der Beurtheilung des socialen Problems, und dieser lautet: „Die Macht, die mir aus meinem Besitze zukommt, ist legitim. Jedes Mittel, das die Vermehrung dieses Besitzes ermöglicht, ist legitim und ist durch Gesetze zu schützen, — denn die Vermehrung meines Wohlstandes fördert den allgemeinen Wohlstand. Der Staat hat daher die Pflicht, mich in meinen erworbenen Rechten und materiellen Gütern unbedingt zu erhalten und mich im Kampfe um die Vermehrung derselben mit allen seinen Mitteln zu unterstützen."

Entgegen dieser Auffassung steht jene der Besitzlosen, die wir schlechtweg ohne politische Pointe Nihilisten genannt haben. Sie stufen sich ab von den Socialisten sanftester Färbung bis zu den rothesten Communisten und Terroristen. Aber so sehr ihre Beurtheilung des socialen Problems innerhalb dieser weitgesteckten Grenzen auch wechseln mag, sie werden doch immer von dem Grundsatze ausgehen, daß jedes Vermögen, jedes Capital als Product der Arbeit auch den Arbeitenden gehöre, und daß die Benutzung ihrer Arbeitskraft gegen Gewährung eines Existenzminimums ein Unrecht sei, das ihnen zugefügt werde, und das endlich eine Ausgleichung finden müsse. Zunächst unterscheiden sie sich mit Rücksicht auf die Mittel, durch welche sie eine solche Ausgleichung sich bewirkt denken. Die zwei Grenzpunkte sind Staatshilfe oder gewaltsamer Umsturz. Das sociale Problem gewinnt in dieser Beleuchtung natürlich eine ganz andere Gestalt als in jener des Capitalismus. Bei diesem Festhaltung und Vermehrung des Besitzes als höchstes Ziel menschlichen Strebens; dort Vertheilung der Güter nach dem Standpunkte der Gleichberechtigung aller Menschen als entscheidende Idee, als Leitmotiv alles Fühlens und Denkens. Es giebt keine Variation, in welcher diese Idee nicht ausgesprochen würde.. Doch kann es nie mehr schöner und einbringlicher geschehen, als es im Neuen Testamente der heiligen Schrift bereits zu finden ist. Niemals wird es dem Denker klarer, daß das Christenthum in den ersten Stadien seiner Entwickelung eine sociale Reform des Menschengeschlechtes war, als wenn er die über diese Punkte handelnden Texte des Neuen Testamentes mit den Forderungen des modernen Socialismus vergleicht.

Zwischen diesen beiden Gegensätzen steht endlich jene Erklärung des socialen Problems, die in demselben nur eine vorübergehende Erscheinungsform des menschlichen Ringens erblickt und nicht die materiellen, sondern die geistigen Güter als das Ausschlaggebende für die Entwickelung des Menschengeschlechtes betrachtet. Vernünftigerweise sollte die Wissenschaft nur auf diesem Standpunkte stehen, den man heute im Allgemeinen, gewiß nicht zutreffend, als Kathedersocialismus bezeichnet. Es wäre zu wünschen, daß der von den Kathedern gepredigte Socialismus niemals eine Erklärung des fraglichen Problems anders als vom Standpunkte der Erhaltung und Fortbildung der menschlichen Civilisation versucht hätte! Es wäre zu wünschen, daß er niemals weder dem Capitalismus noch dem Nihilismus die Waffen seines Geistes geliehen hätte! Selbst der moderne Staatssocialismus, der sich dem Kathedersocialismus noch am meisten nähert, vermag es bei Beurtheilung dieses Problems nicht ganz, den Standpunkt materieller Interessen zu verlassen und sich auf den idealen der Förderung der menschlichen Civilisation zu erheben. Bismarck liefert hiefür das beste Beispiel. Sein ganzes Streben lief am Ende doch nur darauf hinaus, den adeligen Grundbesitz gegen die socialistische Agitation zu vertheidigen und die aus diesem Besitze fließenden Privilegien seiner Standesgenossen dadurch zu erhalten, daß er den Ausgebeuteten gerade so viel Concessionen machte, als nöthig schienen, einen letzten Funken von Interesse an der Fortexistenz der bestehenden Staatsform in ihnen zu erhalten. Es kann nicht Aufgabe des Gelehrten sein, diesem Staatssocialismus Schleppträgerdienste zu leisten, so lange sich dessen Vertreter nicht zu einem höheren Begriffe vom Staate aufschwingen, so lange sie in der Erhaltung der bevorrechteten Classen in der Conservirung des Besitzes in seiner jetzigen Form das einzige Problem sehen, dessen Lösung man von ihnen erwartet. Aber ebensowenig soll der Gelehrte sich zum Wortführer des Capitalismus oder des Nihilismus erniedrigen, — nicht um den Preis des Geldes und der Ehre, nicht um den Preis der Popularität.

Wer sich bei Beurtheilung des socialen Problems auf den Standpunkt des Vertreters der Civilisation erhebt, der wird erkennen, daß zur Lösung desselben vor allem ein Herz voll Menschenliebe nöthig sei. Wer hier Arzt sein will, der darf nicht blos ein Gewimmel von Menschen sehen, sondern er muß in diesen tobenden Massen die einzelnen Individuen mit ihren Leiden erkennen. Er muß die menschlichen Leidenschaften und ihre Kraft über das Menschenherz erwägen, wenn er die Erscheinungen des Capitalismus in seinen widerlichen Formen gewahrt; und das Gleiche muß er können, wenn er in die Hütten des Elends und des Lasters hinabsteigt. Er wird überall dieselben Dämonen geschäftig finden, — aber darum darf er nicht verzweifeln. Denn es wird ihm zum Bewußtsein kommen, daß keine der menschlichen Natur angeborene Schlechtigkeit die Quelle dieser menschlichen Verirrungen ist; vielmehr wird es ihm klar werden, daß es derselbe Dämon ist, der die Hand des Reichen führt, wenn er im Golde wühlt, und die Hand des irischen Exmittirten, wenn er den Grundherrn niederschießt. Er wird erkennen, daß die Herzlosigkeit auf der einen die Mutter der Grausamkeit auf der anderen Seite werden mußte, er wird aber auch die tröstliche Erkenntniß gewinnen, daß die menschlichen Irrthümer nur in den wenigsten Individuen zur vollen, schrecklichen Entwickelung gelangen. Und wenn er einerseits selbst das Streben nach Reichthum und die Sucht, denselben zu vermehren, auf edle und erhabene Motive zurückgeführt sieht, wird er den Haß gegen die Besitzenden andererseits in gleicher Weise entschuldbar finden, wenn er sich die entscheidende Thatsache vor Augen hält, daß nur die Allgemeinheit des Leidens die allgemeine Unzufriedenheit mit den bestehenden socialen und politischen Ordnungen hervorrufen konnte, die wir sociale Frage nennen. Es wird ihm klar, daß nur derjenige gegen den Staat und seine Ordnung sich auflehnt, der an der ferneren Heilsamkeit desselben für sich und seinen eigenen Nutzen verzweifelt; er sieht ein, daß einen Umsturz des Bestehenden nur herbeiwünscht, wer aus diesem Bestehenden nicht den geringsten Vortheil für sich erwartet, wer mit einem Worte nichts mehr zu verlieren hat. Und endlich erkennt er eine niederschmetternde Wahrheit voll und ganz: die Summe aller jener Individuen, die wir unter dem Sammelnamen des vierten Standes zusammenfassen, hat in der That bald nichts mehr zu verlieren, wenn man die heutige Entwickelung der Dinge und Verhältnisse noch weiter gedeihen läßt. Ja, wenn dieser vierte Stand heute drohend seinen Arm gegen die bestehende sociale Ordnung erhebt, können wir ihm nicht mit dem Argument in denselben fallen, daß er durch den Schlag auch seine Interessen schädige, denn selbst wenn es wahr wäre, würde er es nicht glauben.

Die letzte Consequenz dieses Denkprocesses, den die Betrachtung des socialen Problems anbahnt, wird die Gewinnung eines höheren und sittlicheren Staatsbegriffes sein. Wenn wir erwägen, was durch eine Revolution des Proletariats gegen den Staat bedroht ist, dann wissen wir, was dieser Staat in der Hauptsache ist: „Die Summe aller geistigen und materiellen Interessen sowie aller socialen, politischen und civilisatorischen Ordnungen und Zustände, geschaffen um die Menschheit im Allgemeinen und jeden einzelnen Menschen insbesondere sittlich und materiell zu vervollkommnen und zur Erreichung der edelsten Zwecke befähigt und tüchtig zu machen."

Dieser Staat, der einer solchen Definition entspricht, ist berufen, das sociale Problem wirklich zu lösen. Der von der heutigen Wissenschaft vorausgesetzte Staatsbegriff ist noch zu sehr verquickt mit dem römischen Staatsideale, daher zu sehr capitalistisch, als daß er im Stande sein könnte, auch der socialistischen Lebensform ihr Recht zuzuerkennen. Dieser Staat muß sie als Störung der normalen Entwickelung, als Krankheitserscheinung auffassen und bekämpfen. Auch er versucht eine Staatshilfe — als Prototyp kann die Bismarck'sche Socialreform gelten. Diese Hilfe ist bequem. Sie versucht durch indirecte Steuern tausenden zu nehmen, was zehn bekommen werden. Der Arbeitende soll nicht nur sich, er soll auch den anderen Arbeitenden erhalten, wenn dieser erwerbsunfähig wird, ja er soll auch den Grundbesitzer erhalten, wenn Amerika, Indien oder Australien das Getreide billiger zu verkaufen im Stande sind, als der heimische Producent. Eine solche Staatshilfe, daß die breite Masse von Unbemittelten zu den anderen Staatslasten auch noch die Versorgung der Alten und Kranken und die Ausbesserung des Besitzstandes nach den Schäden durch fremde Concurrenz auf sich nehme, ist für die Besitzenden recht bequem, — ob auch für den Staat, das ist die Frage.

Zunächst muß denn doch anerkannt werden, daß die ganze ausbeutende Gesellschaft, die ja den modernen Staat nach ihren Bedürfnissen geschaffen hat, wie jede herrschende Partei seit Staatenbildung historisch nachweisbar ist, daß diese herrschende Partei die Verpflichtung habe, diesen Staatsorganismus in dem Sinne zu ändern und auszuweiten, daß auch der vierte Stand an der Interessengemeinschaft desselben Antheil gewinne. Die Macht des Argumentes, daß der Arbeiter heute Obdach und Nahrung sicher, innerhalb gewisser Grenzen sogar etwas Wohlstand finden könne, darf man nicht überschätzen, in keinem Falle hoch anschlagen. Auch die Thiere des Waldes finden Obdach und Nahrung, und sie vermehren sich trotz des fortwährenden Krieges, den die ganze Menschheit gegen sie und sie selbst untereinander führen. So billig läßt sich die Zufriedenheit der Massen nicht erkaufen! Darum hoffet auch nicht, daß durch Wiedererweckung religiöser Ideen das sociale Problem gelöst werden könne. Die moderne Gesellschaft hat durch die Art ihrer Entstehung sich um diese Möglichkeit der Lösung des Problems gebracht. Die moderne Weltanschauung hat den naiven Gottesglauben und vornehmlich die Gottesfurcht mit den Wurzeln aus den Herzen gerade der untersten Volksschichten gerissen; die jetzt erwachsende Generation wird vor den Strafen, die der bösen That im Jenseits drohen, nicht mehr erzittern, um so weniger, als sie sieht, wie das offenkundige Laster, der privilegirte Diebstahl und Raub sich in der Pracht des Lebens sonnen, während Ehrlichkeit und Rechtschaffenheit wie die Exilirten der Gesellschaft in den Straßengräben verfaulen. Wenn daher der Staat an diese Lösung herantritt, wird er das sociale Problem schlechterdings als eine Frage materieller Interessen = Collisionen betrachten müssen. Denn als die Begründer der Aufklärung den göttlichen Autoritätsglauben und die religiösen Fesseln hinwegräumten, um die Anerkennung der Gleichheit der Menschen und die Aufhebung der Ständeunterschiede zu bewirken, um der Freiheit des Denkens die Bahn zu eröffnen und dem Fortschritte des menschlichen Geistes eine unbeschränkte Entwickelung zu sichern, da haben sie freiwillig das Compensationsobject aus der Hand gegeben, mit welchem durch das ganze Mittelalter hindurch den Armen und Elenden ihr Dasein erträglich gemacht wurde. Als die Gebildeten Gottesleugner wurden und den Armen das Himmelreich zum Alleinbewohnen überließen, als sie nur die Güter dieser Erde für sich in Anspruch nahmen und das selige Jenseits denen abtraten, die unter Wehklagen und Seufzen durch dieses irdische Jammerthal wandern, da dünkte eben diesen das Himmelreich und die Vergeltung im Jenseits nicht mehr sicher genug, und seither verlangen sie auch von den irdischen Gütern ihr wohlzugewogenes Theil; sie begnügen sich nicht, wie der zur Gütertheilung zu spät gekommene Poet, mit dem freien Einlaß ins Himmelreich, sie wollen ihr Anrecht an Feld und Wald, an Brücken und an Straßen und an dem edlen Firnewein. Die Bemühungen, Gottesfurcht und fromme Sitte wiederherzustellen, sind an sich ja recht löblich, nur sind sie nicht geeignet, die sociale Frage zu lösen. Die Absicht, durch Erneuerung des Mittelalters Rath zu schaffen, ist nicht minder revolutionär, als diejenige der Communisten, die Güter zu theilen und das Eigenthum und Erbrecht aufzuheben. Beide Lösungsversuche könnten nur durchgeführt werden unter gleichzeitiger Vernichtung des gegenwärtigen Culturzustandes. Aber die Erhaltung dieses Culturzustandes mit der Erhaltung der bestehenden gesellschaftlichen und politischen Ordnungen, sowie die Fortentwickelung des Menschengeschlechtes im Geiste echter Humanität, das ist eben das Problem, welches gelöst werden muß.

Sicher ist, daß diese Lösung nicht herbeigeführt werden kann ohne Schädigung der factisch bevorrechteten Classen. Aber diese Schädigung Einzelner zu Gunsten der Gesammtheit ist ja unter dieser Voraussetzung in unseren Expropriationsgesetzen rechtlich längst zur Geltung gelangt. Daß sie bisher nur zu Gunsten des Besitzes gegen Besitzende zur Anwendung kam, darf ja die Allgemeingültigkeit des Rechtsbegriffes nicht einschränken. Alles Recht, das aus dem Bedürfnisse der

menschlichen Gesellschaft abgeleitet wird, ist änderungs- und
entwickelungsfähig, weil ja die Quelle, aus der es fließt,
ebenfalls änderungs- und entwickelungsfähig ist. Je mehr
wir uns von dem Autoritätsglauben an göttliches Recht entfernt
haben, desto tieferen und einschneidenderen Veränderungen sind
unsere Rechtsanschauungen unterlegen. Je mehr wir gewöhnt
wurden, die Omnipotenz des Staates an die Stelle der
früheren Autoritäten zu setzen, desto mehr müssen wir uns
mit den Ableitungen befreunden, die sich wider unseren persönlichen Vortheil aus dieser Omnipotenz des Staates ergeben.
Anderseits ist hierdurch die an sich erfreuliche Thatsache zu
constatiren, daß in vielen Beziehungen heute bereits das
Recht der Besitzenden hinter das Recht des Staates zurück-
treten muß, und gerade diejenigen, die den Staat auf seine
heutigen Grundlagen stellten, haben ihm das Ferment zu-
gesellt, das die heutige Gährung hervorruft. An dieser Thatsache erweist sich die Entwickelungsfähigkeit der menschlichen
Gesellschaft überhaupt: immer haben die Bevorrechteten selbst
die Theorien geschaffen, auf Grund deren sie später ihres
Rechtes entkleidet wurden; so faßt heute der Begriff des
Staates auch schon die Interessen des Proletariats, des
vierten Standes in sich, denn auch dieser vierte Stand bildet
einen Theil des Staates, und es kann nicht fehlen, daß die
Beachtung dieser Interessen auch von jenen immer bringender
gefordert werden wird, die heute gerne stolz darüber hinweg-
schreiten möchten.

Fast scheint es, als ob der Mensch unmittelbar vor der
Lösung der großen Probleme stünde, die das Geheimniß des
ewigen Werdens verbergen, als ob er bereits an die letzte
eherne Pforte pochte, die den Eingang in das innerste Heiligthum
der Natur verschließt. Ihn schreckt nicht mehr das Grollen
des Erdgeistes, das selbst Faust zum Bewußtsein seiner
irdischen Hilflosigkeit zurückführte. Zwar der Glaube an die

Unsterblichkeit der Seele ist fast verschwunden, aber dafür hofft der Mensch auf die Unsterblichkeit der Ideen, die, von Generation zu Generation sich vererbend, endlich das Menschengeschlecht befähigen werden, die Zeichen des geheimnißvollen Buches mit den sieben Siegeln zu verstehen. Die Menschheit schreitet ununterbrochen vorwärts, und wie Producte eines stets klarer werdenden Denkens bleiben vollkommenere und stets vollkommenere Erfindungen und Entdeckungen als Merkmale und Etappenbezeichnungen des genommenen Weges zurück. Aus dem tappenden Kinderschritte des Mittelalters im Gebiete des Denkens ist der feste Tritt des kräftigen Jünglings geworden, aus kaum verstandenen Ahnungen und Gefühlen das logische Gebäude des Causalitätsbegriffes.

Bewundere die Fortschritte des menschlichen Geistes. Siehe die kleine Feuergrube und den Blasbalg in der Hand des Wilden und daneben den Hochofen mit seinem Gasgebläse; siehe den keuchenden Sclaven auf der glitschigen Leiter mit dem Kohlenkorb auf dem Rücken durch die Schachte emporkriechen und daneben die rasselnde Maschinerie des Dampfaufzuges und die Schienen der Grubenbahn; siehe den Karren und das Saumthier mühselig mühselige Nothdurft des Lebens schleppen und die zauberhaften Viaducte, Gallerien und Tunnels, über und durch die der Eisenbahnzug die kostbarsten Schätze der Erde mit leichter Mühe dahinträgt; siehe das arme Mütterlein am Spinnrocken und daneben die Millionen Spindeln und Webstühle der Dampf-Spinnereien, Webereien und Stickereien, die im Augenblicke vollbringen, was dort den Raum vieler Menschenleben ausfüllt.

Welch köstliche Zeit! die Milch, die gestern die Sennerin auf hoher Alpe gemolken, kannst du heute behaglich in dem luxuriösen Zimmer deines Palastes in der Residenz schlürfen; die Traube, die heute in Palermo reifte, kannst du in wenigen Tagen in Berlin verspeisen; der Caviar, der heute an der unteren Donau aus des Fisches Bauch genommen wird, kann drei Tage später den Gourmand in einem chambre séparée in Paris ergötzen. Im Gletschereise des Nordens kühlst du in Neapel den Wein, der in der Champagne reifte. Fast keine Mahlzeit, und sei sie noch so bescheiden, entbehrt eines Gewürzes, und wär's ein Pfefferkorn oder ein Körnlein Kaffee, das nicht die Sonne eines anderen Erdtheils gezeitigt hat!

Ist das nicht das goldene Zeitalter? Es giebt kein zu Wenig! Das Getreide Indiens und Amerikas durchströmt die Welt; fast werthlos ist es; so gering ist sein Preis, daß man nicht glauben sollte, es entbehre noch ein einziger Mensch auf diesem Erdenrunde des Brodes!

Und nun öffne die Augen und schaue um dich. Sieh hier die hungernden und frierenden Kinder, Weiber, Männer, Greise! Sieh diese Selbstmörder! Steige mit mir hinab in die Räume unter den Secirsälen der Krankenhäuser! Sieh hier, diese Leichen! Nichts verhüllt ihre Nacktheit, niemand schloß ihre Augen, niemand streckte ihre Knie! Es sind die jammervollen Ueberreste von Männern und Weibern! Was erzählen dir diese ausgemergelten Leiber? Was zerstörte diese Organismen? Sieh her und schaudere. Denke dir dieses Bild vertausendfacht für jeden Tag und ziehe die Summe dieses Elendes! Komm mit unter die Brücken, in die Kloaken der großen Städte! Sieh, hier wohnen Menschen! Sie ringen mit den Ratten um ihre Speise. Komm mit in die Gefängnisse, in die Zwangsarbeitsanstalten, in die Irrenhäuser, in die Idiotenanstalten, in die Siechen- und Armenhäuser. Komm mit unter die Thorbogen der Häuser um Mitternacht und höre das Zähneklappern derer, die kein Obdach haben, die Seufzer jener, die des Stückchen Brodes entbehren!

Dann zeige mir nochmals die Errungenschaften des

menschlichen Geistes, dann preise mir den Fortschritt der Menschheit und lenke meinen Blick in die Zukunft!

Und jetzt komme mit in die Stadt der rauchenden Schlote! Ach hätte ich die Feder und das Herz eines Dickens, um seine Worte zu finden für das, was wir hier schauen werden. Dieser bleiche Mann mit den hohlen Wangen, dieses schwangere Weib, dieses halbwüchsige Mädchen mit den frechen Augen, dieser struppige Knabe mit dem gierigen, verlangenden Blick, alle abgemagert, elend, verhungert; das ist eine Familie! Alle arbeiten sie an diesem Webstuhle zwölf Stunden des Tages! Sogar das Licht, dessen sie benöthigen, müssen sie mitbringen, und alle miteinander verdienen nicht so viel, um sich satt zu essen. Für sie giebt es keine Menschenpflicht und kein Menschenrecht! Wie die Lastthiere vom Arbeitsstuhle zum Schlafe, vom Schlafe zur Arbeit, nur daß man nicht einmal dafür sorgt, daß sie sich sättigen — denn sie haben keinen Kaufwerth — sie sind freie Menschen! Die Maschinen verrichten das Werk von tausenden von Menschenhänden, in allen Zweigen des Schaffens offenbart sich der menschliche Geist, alles hat er vereinfacht, verbessert — der Fortschritt ist mit Händen zu greifen: und was ist die Folge?

Eine unglaubliche Vermehrung der Armuth, eine Vertausendfachung des Elends, eine Hülflosigkeit des Menschengeschlechtes, die uns mit Schaudern erfüllt und uns an der sittlichen Weltordnung verzweifeln läßt.

An dieser Betrachtung entrollt sich uns noch einmal das Problem, das heute alle Menschen beschäftigt. Unwillkürlich drängt sich die Frage auf die Lippen, wozu all die geistige Arbeit des Menschengeschlechtes, wenn sie nicht im Stande war, das menschliche Elend um ein einziges Atom zu lindern? Aber indem der Forscher in der durchschrittenen Gedankenreihe zu dieser, den Schlußsatz vertretenden Frage kommt, muß er doch einen Augenblick innehalten. Ist wirklich das mensch= liche Elend um nichts geringer geworden? Siehe, das ist eine Frage, wohl der sorgfältigsten und reiflichsten Untersuchung werth! Freilich, wenn man sich in die Summe des eben geschilderten Elendes vertieft, dann scheint es einer Untersuchung nicht zu bedürfen. Aber alles Unglück, das dem Menschen widerfährt, es mag an sich auch noch so groß sein, kann relativ klein erscheinen. Darum lasse die Geschichte aus ihrer großen Todtengruft hervor= holen die Marterwerkzeuge, mit denen die Menschen sich gegenseitig peinigten, seit sie zum Bewußtsein ihrer erhabenen Stellung in der Schöpfung gelangt sind, und dann urtheile nochmals. Als erstes Marterwerkzeug wird uns die Geschichte wohl die Sclavenkette und die Sclavenpeitsche hervorholen; sie kann dies blutige Requisit menschlicher Grausamkeit vervollkommnen durch die Instrumente der Gerichtsbarkeit, die bis zum An= bruche unseres Jahrhunderts gehandhabt wurden; und es bleibt uns die Wahl zwischen dem brennenden Scheiterhaufen, dem siedenden Oelkessel, dem Rade, den glühenden Zangen und anderen ähnlichen Erfindungen. Und die Knute Ruß= lands wie die neunschwänzige Katze Englands zeigen, daß selbst das neunzehnte Jahrhundert nicht ganz ohne solche Be= thätigung der Milde des menschlichen Charakters bleibt. Aber das sind ja nur die Requisiten, um den Leib zu martern! Was sind Schmerzen des Leibes gegen jene des Geistes? Der tiefste Kerker, in den nie ein Strahl der Sonne fällt, kann sich verklären durch das Licht himmlischer Weisheit, dessen Quelle im Gehirne des gemarterten Menschen entspringt, und der Tod am Kreuze kann zur Wollust werden im Dienste einer hohen Idee, vor der alles Vergängliche und Zeitliche dahinschwindet. Mit Martern und Qualen des Leibes kann der Mensch sich abfinden — es giebt größere Leiden. Neben der physischen Unfreiheit ist es die geistige, neben der Knecht= schaft des Leibes die Knechtschaft der Seele, neben der Sclaven=

peitsche die Zuchtruthe, mit der die Ehre gepeitscht wird. Oder glaubst du wohl, daß Chriseis und Briseis es für selbstverständlich ansahen, die Beute des Achilles und des Agamemnon zu sein? Glaubst du, daß die Lustsclaven der Griechen und Römer einen Ehrenplatz in der Entwickelungs= geschichte der Menschheit verdienen? Glaubst du, daß die leibeigenen Bräute des Mittelalters die sociale Ordnung priesen, die sie zur Beute wollüstiger Jungherren machte? Schlage welches Blatt der Geschichte immer auf, jedes wird dir eine andere Gräuelthat zu berichten haben.

Die gesammte Entwickelung des Menschengeschlechtes läßt augenscheinlich auch einen materiellen Fortschritt nicht ver= kennen. Selbst wenn wir nur den an sich kurzen Zeitraum von zweitausend Jahren mit unserem Blicke umfassen, werden wir gewaltige Etappen des Fortschrittes erkennen, von den Kettensclaven auf den römischen Plantagen zu den Leibeigenen des Mittelalters, und von diesen zu den unqualificirten Arbeitern unserer Industriebezirke. Auch im Allgemeinen, nach Principien geurtheilt, muß die bloße Anerkennung der Gleichberechtigung aller Menschen, wenn dieselbe auch bisher zur practischen Geltung nicht gelangt ist, als ein ungeheurer Sieg des menschlichen Fortschrittes gepriesen werden.

Wir gewinnen sonach die tröstliche Ueberzeugung, daß ein Fortschreiten der Menschheit nach dem Ziele der end= lichen Erlösung aus Noth und Elend, aus Unterdrückung und Unfreiheit stattfindet. Die Wissenschaft hat sich daher mit dem frohen Hoffen auf eine Lösung des Problems der Unter= suchung seiner Ursachen zugewendet.

Die Erforschung der Ursachen des Uebels ist aber nicht blos ein Problem unserer Zeit. So wenig, als unsere Civili= sation unbedingt als die höchste Stufe menschlicher Entwickelung angesehen werden kann mit Rücksicht auf die vorausgegangenen Culturepochen, so wenig dürfen wir glauben, daß die Probleme, die heute eine Lösung heischen, zum erstenmale die Denker des Menschengeschlechtes beschäftigen. Siebenhundert Jahre vor Christi Geburt zog sich der indische Königsfohn Buddha in die Einöde zurück, um den Quellen des Uebels nachzuforschen. Er hatte Glanz, Pracht und Schimmer der Hoflebens von sich geworfen und sieben Jahre lang Kasteiungen und Entbehrungen ertragen, bis das Licht der Erkenntniß ihn erleuchtete und ihn zum gottbegnadigten Religionsstifter machte, dessen Lehren in manchen Dingen in der Ethik des Christenthums sich wiederholen. Wir dürfen nicht zweifeln, daß es auch in den alten Reichen der Aegypter, Babylonier und Assyrier Menschen gegeben hat, denen die Noth ihres Geschlechtes zu Herzen ging, und die es als einzige Lebensaufgabe erkannten, Trost und Hilfe denen zu bringen, die mühselig und beladen sind. Zwar ist die Civilisation der ägyptischen, der babylonischen und assyrischen Reiche in ihrem geistigen und materiellen Inhalte verschieden von der unsrigen, aber sie mag relativ die unsrige überragt haben. Was sie aber auch großes zu leisten vermochte, und wenn einzelne ihrer Errungenschaften selbst noch heute einen erheblichen Theil der geistigen Schätze des Menschengeschlechtes bilden, so vermochte sie es doch nicht, alle Menschen zu beglücken. Kein Schriftsteller zwar schildert uns mit beweglichen Worten die Noth der Unterdrückten jener Zeiten, aber dafür sehen wir auf den Bildwerken, welche den Ruhm der Könige verkündigen, die Martern abgebildet, unter denen ein großer Theil der damaligen Menschen seufzte. Und ob wir gleich den Peitschenhieb nicht niederklatschen hören auf den nackten Rücken des ägyptischen Frohnarbeiters, so sehen wir doch die grimmige Wuth, mit welcher der Vogt die Peitsche schwingt, und wir sehen auf den assyrischen Bildwerken, wie es den Königen zuweilen Vergnügen bereitet, die grausamsten Martern an Verurtheilten selbst zu vollstrecken.

Unsere Civilisation hat es also mit keinem neuen Problem zu thun, sondern mit eben demjenigen, an dessen Nichtlösung die alten Civilisationen zu Grunde gegangen sind. Alle Entwickelung des Menschengeschlechtes kann nur ein Endziel haben: das Glück aller Menschen! Wird dieses Ziel nicht erreicht, so ist der zurückgelegte Weg umsonst gemacht, die Menschheit muß wieder in den Urzustand zurückkehren und dann aufs neue den Weg antreten, der zum Ziele führen soll. Je weiter unsere Civilisation fortschreitet, desto klarer wird allen die Erkenntniß sich aufdrängen, daß ihre Errungenschaften nur behauptet werden können, wenn es gelingt, Noth und Elend aus der modernen Staats- und Gesellschaftsordnung zu verbannen. Diese Erkenntniß ist aber heute noch nicht allgemein und die Wissenschaft selbst, die sich ausschließlich mit diesen Dingen beschäftigt, die Nationalöconomie, ist noch keineswegs geneigt, dieselbe als berechtigt gelten zu lassen. Ja, die Doctrinen, die bisher aufgestellt wurden, und die principiellen Anschauungen, welche propagirt werden, stehen im vollkommenen Gegensatze zu diesen Forderungen. Am strictesten kommt dieser Gegensatz zum Ausdrucke in der Behauptung, daß Noth und Elend des Menschengeschlechtes auf dem Walten eines Gesetzes beruhen, das zu beseitigen die menschliche Ohnmacht stets unfähig bleiben werde, mit anderen Worten: daß es ein Naturgesetz der Armuth gäbe. Aber dieser Anschauung stehen zunächst unsere christlichen Anschauungen entgegen, deren Bedeutung für breite Schichten des Volkes maßgebend bleibt. Seit der neueren, mit der Entdeckung beider Indien beginnenden Zeit finden wir auf dem Gebiete der ethischen Welt eine Reihe der mannigfachsten Bestrebungen, die, ob wahr oder falsch, alle darin übereinstimmen, daß sie aus der Anerkennung des persönlichen Menschenrechtes hervorgehen. Diese Anerkennung ist, wiewohl es von philosophischen Schriftstellern häufig verkannt wird, die segensreiche Frucht des Christenthums, das in directem Widerspruche mit den religiösen Ansichten aller heidnischen Völker jedem Menschen volle Persönlichkeit und jeder Persönlichkeit ihr volles Recht zugesteht.

Eine practische Verwirklichung der Idee der vollen Persönlichkeit sehen wir zuerst im amerikanischen Freiheitskriege, in dem zum erstenmale eine Erklärung der Menschenrechte versucht wurde. Diesem Beispiele folgten dann die Franzosen im Jahre 1789 im Beginne der großen französischen Revolution, die eine so entscheidende Bedeutung für die wirthschaftliche und politische Umgestaltung Europas gewonnen hat. Man muß es betonen: auch für die wirthschaftliche Umgestaltung, denn mit der politischen Revolution Hand in Hand ging die wirthschaftliche, die ihr Programm zusammenfaßte in das Schlagwort: "Freiheit der Arbeit!" Dieses Programm wurde verwirklicht: die Arbeit wurde frei, die Fesseln des Zunftzwanges, die Einschränkungen engen gewerblichen Lebens, die aus dem Mittelalter sich bis zur Revolution erhalten hatten, wurden beseitigt, und nichts hinderte weiterhin die Bethätigung der freien Concurrenz. Es bedurfte fast eines Zeitraumes von hundert Jahren, um zu erkennen, daß in dem Wesen dieser freien Concurrenz die Wurzel des Uebels liegt, an dem die moderne Gesellschaft krankt. Es wäre aber zu viel behauptet, wollte man sagen, diese Einsicht sei bereits eine allgemeine. Im Gegentheile: das Schlagwort "freie Concurrenz" ist zu einem Kampfrufe zwischen mächtigen Parteien geworden und es ist bis jetzt noch nicht gelungen, die Erkenntniß von der Verderblichkeit der freien Concurrenz für das Glück und die Zufriedenheit der breiten Schichten des Volkes allgemein zu machen.

Lassen wir Marlo in der Schilderung der Folgen der freien Concurrenz das Wort. Er sagt:

"Unterwerfen wir die Folgen der industriellen Revolution

ohne Rücksicht auf ihren politischen Einfluß einer genauen Prüfung, so finden wir, daß sie durchaus anderer Art sind, als sie von den Begründern des Erwerbsystems (der freien Concurrenz) erwartet wurden. Diese wollten die frühere Organisation der Arbeit nur aufheben, weil sie die Freiheit der Arbeit beschränkt; leider hat jedoch die Anwendung ihrer Lehre nicht zu einer größeren Freiheit, sondern zu einer fast gänzlichen Unfreiheit der Arbeit geführt. Sie wollten ferner sämmtliche Monopole zerstören und haben das größte und verderblichste von allen, nämlich das des Capitals gegründet. Bekanntlich hatte man früher nur stabile Monopole, die um so mehr von ihrem Character verlieren und in ihren schädlichen Wirkungen sich wechselseitig beschränken mußten, je größer die Zahl derselben war. Das Monopol des Capitals hingegen erleidet als das einzige seiner Art keine solche Beschränkung und ist durchaus nicht stabil, sondern in einem zunehmenden Wachsthum begriffen. Man wollte den Landbau von seinen Fesseln befreien und hat zu diesem Behufe das Grundeigenthum veräußerlich gemacht, die Erbpachten aufgehoben und die Theilbarkeit der Güter eingeführt, was indessen die Lage der Ackerbauer, statt sie zu verbessern, nur allzuhäufig drückender machte; denn die Güter zerspalteten sich in kleine, zum Unterhalt ihrer Besitzer unzureichende Theile oder fielen in die Hände großer Capitalisten, die sie durch Zeitpächter und Lohnarbeiter ausbeuten ließen. Man wollte die Gehilfen gegen die Bedrückungen der Meister schützen und hat sie sammt der Mehrzahl der Meister zu Lohnarbeitern der capitalreichen Unternehmer gemacht.

Ueberall begegnen wir im Laufe der industriellen Revolution einer gänzlichen Umgestaltung der industriellen Stände, und überall sehen wir sämmtliche Producenten in einem erbitterten Kampf mit einander begriffen. Nirgends finden wir Ruhe und Behaglichkeit, nirgends die alte Stabilität, die alle

Kreise des industriellen Lebens beherrschte, sondern endlose Bewegung."

Das letzte Ziel in der Entwickelung der Organisation der Arbeit auf Grundlage der freien Concurrenz würde also ein Kampf zwischen den Producenten sein, bei welchem die Wahl der Mittel nicht mehr von der Frage nach deren Zulässigkeit behindert würde. Der Versuch, die Concurrenz zu besiegen, würde endlich zu einer Productionsweise führen, die im Großen und Ganzen darauf beruhen würde, daß die Arbeiter im Dienste des speculativen Capitals Massengüter erzeugen, deren wirthschaftlicher Tauschwerth unter den Preis der Rohprodukte, aus denen sie entstanden sind, herabsinken und daß dadurch das Capital nicht mehr im Stande sein würde, seiner wirthschaftlichen Aufgabe gerecht zu werden, und zwar:

1. vermöchte es sich selbst nicht mehr zu ersetzen,
2. vermöchte es keinen Unternehmergewinn mehr zu zahlen,
3. vermöchte es keine Zinsvergütung zu gewähren,
4. vermöchte es keine Arbeitskosten zu ersetzen.

Der Tauschwerth der Arbeit reichte höchstens dazu hin, den Verlust an Materialwerth zu vergüten.

Das Capital wird bei freier Concurrenz der Arbeit stets solchen unproductiven Leistungen zustreben. Die wachsende Concurrenz nöthigt die Unternehmercapitale, stets Unternehmungen mit geringeren Chancen aufzusuchen. Da der Arbeiter bei seiner völligen Hilflosigkeit gezwungen wird, eventuell um einen Lohn zu arbeiten, der ihn blos vor dem Hungertode schützt, so bildet der Mehrwerth seiner Arbeit gegen den empfangenen Lohn die Prämie, welche den Unternehmer zu seinen kühnen Speculationen ermuthigt. Diese Hilflosigkeit des Arbeiters ist es, die, in ihren wirklichen Ursachen nicht erkannt, endlich zur Aufstellung des Satzes geführt hat, daß die Verarmung eines

Theiles des Menschengeschlechtes auf dem Walten eines Naturgesetzes beruhe. Wie lautet nun dieses Naturgesetz?

Unter allen Tyrannen, die Menschen unterjochen, ist die Phrase der gewaltthätigste. So ist es denn auch eine Phrase, die zu dem Range eines „Naturgesetzes der Armuth" erhoben wurde: „Die Menschheit vermehrt sich rascher als ihre Unterhaltsmittel! Darum muß immer eine Anzahl Menschen aus Mangel an diesen Unterhaltsmitteln zu Grunde gehen, darum muß eine Anzahl, und zwar der größte Theil der Menschen zufrieden sein, die niedrigste Nothdurft zu befriedigen, d. h. nur so viel zu erwerben, als zur Fristung des Lebens unentbehrlich ist, und nur ein kleiner Theil der Menschheit darf im Ueberflusse schwelgen."

Das ist das berüchtigte Malthus'sche Bevölkerungsgesetz, die Wurzel des ehernen Lohngesetzes, das ganz folgerichtig die Herabdrückung der Arbeitslöhne auf die angebliche Thatsache stützt, daß für den Arbeiter eben nicht mehr übrig bleibt von den Unterhaltsmitteln, die der gesammten Menschheit zur Verfügung stehen, als er thatsächlich bekommt.

Mehr als hundert Jahre verwirrt der Trugschluß, auf dem die Malthus'sche Theorie fußt, die Köpfe der Menschen; und so stark ist die Wirkung einer blendenden Phrase, daß sie selbst die vorzüglichste Schulung des Denkens lähmt und sonst klare Köpfe willenlos mit ihrem Zauber fesselt. Nicht einmal die unmittelbarste Folgerung wurde aus diesem lächerlichen Theoreme gezogen, daß ein wirkliches Schwinden der Unterhaltsmittel zur ausreichenden Ernährung der gesammten Menschheit sofort alles Edle aus der Menschennatur austilgen, das Privilegium der oberen Zehntausend zerstören, die Menschen auf das Niveau hungernder Thiere herabdrücken, und die Dame, die heute ihren Körper in wohlriechenden Bädern erfrischt und in duftige Seide hüllt, zwingen würde, mit dem stinkenden Weibe des Proletariers um ein Stück Brod zu raufen.

Die heutige Generation weiß nur aus den Erzählungen der Väter, wie eine Hungersnoth sich ausnimmt. Und selbst diese Beschreibungen sind ja nicht vollwichtig, weil die neuere Zeit wirkliche Hungersnöthen, d. h. Zeiten, in denen das Brod thatsächlich im ganzen Lande, also auch in den Speichern der Reichen fehlte, nicht kennt. Eine Hungersnoth, die nicht aus dem Fehlen des Brodes, sondern aus dem Fehlen des Geldes zum Ankaufe von Brod entspringt, ist keine Folge des Schwindens der Unterhaltsmittel, sondern die Folge einer geschickten Speculation mit diesen Unterhaltsmitteln. Wäre eine solche Speculation aber noch möglich in einem Augenblicke, in welchem wirklich diese Erde zu unproductiv geworden wäre, ihre Kinder zu ernähren? Ob Malthus und seine Nachbeter einmal hungernde Volksmassen in einem Augenblicke gesehen haben, in dem die Lust nach Stillung des Hungers jede andere Regung bekämpfte, ist nicht zu sagen; doch muß man billiger Weise glauben, daß dies nicht der Fall war, denn sonst wäre diese Theorie als die größte und verwerflichste bewußte Lüge zu bezeichnen, die jemals von Menschen begangen worden ist.

Schon die consequente Durchdenkung der von Malthus aufgestellten Behauptung von der ungleichen Vermehrung der Menschen und der Mittel, die zu deren Unterhalt dienen, hätte beweisen müssen, daß die Voraussetzungen, auf welchen diese Behauptung ruht, ganz unhaltbar seien. Was aber die Denker unterließen, hat die Natur selbst gethan: sie stürzte diese Voraussetzungen, indem sie die Menschheit mit Brodfrucht überschwemmt. So groß ist dieser Ueberfluß, daß an ihm Europa fast zu Grunde geht. Und nicht so steht die öffentliche Discussion, daß mit Bangen etwa darnach gefragt wird, ob wohl noch in irgend einem Erdtheile ein Fleckchen Grund vorhanden sei, auf dem man Getreide anbauen könne, um dem drohenden Mangel abzuhelfen, sondern indem mit Bangen gefragt wird, ob es denn wirklich wahr sei, daß Indien oder Amerika ihre Production an Getreide noch zu steigern gedächten. Als vor einiger Zeit die Lage unserer Landwirthschaft in einer Enquête von Fachmännern besprochen wurde, da gipfelten ihre Ausführungen über die Frage, wie der Landwirthschaft aufzuhelfen sei, in dem Rathe, künftig von dem Getreidebau abzusehen und den Bau von Handelspflanzen zu cultiviren, da die Production an Brodfrucht die menschlichen Bedürfnisse weitaus übersteige.

So hat die allgütige Mutter Natur, nachdem ihre Anwälte es nicht vermocht hatten, ihre Sache mit Erfolg zu führen, ihren Proceß gegen Malthus und Consorten selbst aufgenommen und siegreich zu Ende geführt. Die gütige Vorsehung wollte nicht länger zugeben, daß eine kleine Zahl von Menschen die große Mehrheit ihrer Brüder in Noth und Elend schmachten lasse und sich zur Entschuldigung vor den Gesetzen, vor dem Staate und vor dem eigenen Gewissen auf ein Naturgesetz berufe; und indem sie reiche Gaben über die Erde ausschüttet, zeigt sie, daß ihr Tisch gedeckt sei für alle Kinder, die sie hervorgebracht, und daß derjenige, der nichts erhalte, entweder durch eigenes Verschulden oder durch Uebelwollen anderer ausgeschlossen sei von der großen Gemeinschaft der Glücklichen.

Es soll nicht unerwähnt bleiben, daß die Darwin'sche Richtung im Studium der Naturwissenschaften auch in der Socialwissenschaft einige Erfolge zu verzeichnen hat, und daß man in der Theorie von der Zuchtwahl eine directe Unterstützung der Malthus'schen Bevölkerungstheorie wahrnehmen will. Selbst wenn die Darwin'schen Theorien eine wissenschaftliche Anfechtung nie erfahren hätten, würde die Selectionstheorie nichts zu Gunsten des Malthus beweisen. Denn daß der Kräftigere über den minder Kräftigen, der unter gewissen Bedingungen besser Qualificirte über den minder Qualificirten siege, ist auch bei reichlichem Vorhandensein aller Unterhalts= mittel wahrscheinlich. Auch darf man nicht übersehen, daß die Erhaltung einer Thiergattung nicht nur von dem Vorhanden= sein der Unterhaltsmittel für dieselbe abhängt, sondern auch von der Zahl ihrer Feinde; und der größte Theil der Aus= führungen Darwin's bezieht sich nicht auf das Verhalten der Thiere bei dem Mangeln der nöthigen Unterhaltsmittel, sondern darauf, daß die Entwickelung gewisser Organe ge= fördert werde, welche die Erlangung dieser Unterhaltsmittel bei Thieren gleicher Art sicherer und leichter bewerkstelligen lassen oder bei der Fortpflanzung dem Männchen oder Weibchen Vorzüge vor anderen Männchen oder Weibchen der gleichen Art leihen. Denn würden den Thieren überhaupt die Unterhaltsmittel fehlen, so würden sie ganz wie die Menschen im gleichen Falle verfahren, und es würde in Europa nur mehr Wölfe und Adler geben, die sich schließlich ebenfalls unter einander auffressen müßten.

Also da die Malthus'sche Theorie weiter nicht in Dis= cussion zu stellen ist, können wir uns blos mit dem Lohn= gesetze befassen. Dieses Lohngesetz fußt zwar im Wesentlichen auf der Malthus'schen Bevölkerungstheorie, aber es wird durch den Fall derselben nicht ganz hinfällig. Das Lohn= gesetz nimmt zwar ebenso wie die Bevölkerungstheorie an, daß die zur Bestreitung der Arbeitslöhne verfügbaren Mittel nicht in derselben Progression zunehmen wie die Zahl der Arbeiter, aber da wir es in diesem Falle nicht mit Pro= blemen zu thun haben, welche das Walten der Allnatur zur Grundlage haben, sondern nur mit menschlichen Dingen, die sich nach menschlichen Begriffen regeln, so muß die Unter= suchung wohl auch einen schwierigeren und verwickelteren Gang nehmen.

Im Wesentlichen huldigt die Lohntheorie dem Grundsatze, daß der Arbeitslohn unbedingt dem geringsten Ausmaße zudränge, das zur Befriedigung der Bedürfnisse der Arbeiter eben noch hinreiche, also nach dem Existenzminimum. Ganz nothwendiger Weise wurde dieselbe von diesem Principe zur Anerkennung des daraus resultirenden gedrängt, daß der Arbeitslohn nie dauernd unter dieses Niveau des eben umschriebenen geringsten Ausmaßes, des Existenzminimums, sinken könne.

Wir behaupten nun, daß diese beiden Principien der Wirklichkeit absolut nicht entsprechen. Zunächst müßte doch eine allgemein giltige Definition des Existenzminimums bestehen, wenn diese Lohntheorie Anrecht auf allgemeine Giltigkeit haben sollte. Diese Definition besteht nun durchaus nicht. Man könnte entgegnen, dieses Existenzminimum sei eine relative Größe, und daher sei eine allgemein giltige Definition unmöglich. Wir negiren diese Behauptung und stellen zugleich die Gegenbehauptung auf, daß die Definition des Existenzminimums, sofern sie allgemeine Giltigkeit beansprucht, keiner anderen Behelfe bedarf als der Aufzählung der verschiedenen Bedürfnisse des Menschen, deren Befriedigung als die äußerste Grenze desjenigen Zustandes gedacht wird, innerhalb dessen der Mensch noch im Stande ist, seinen „menschlichen" Pflichten nachzukommen. Diese allgemeine Begriffserklärung des Existenzminimums wird vielleicht mancher anerkennen, der nicht im Geringsten geneigt wäre, die daraus sich ergebenden Consequenzen anzuerkennen; denn in Wirklichkeit definirt heute eine große nationalöconomische Schule den Begriff des Existenzminimums als die äußerste Grenze jenes Zustandes, innerhalb dessen der Mensch noch im Stande ist, seinen „thierischen" Pflichten nachzukommen.

Es ist wohl klar, daß diese beiden Definitionen des Existenzminimums demselben einen sehr verschiedenen Inhalt geben. Die thierische Verpflichtung des Menschen besteht in der Erhaltung des Individuums und in der Fortpflanzung der Art; wer will behaupten, daß hiermit auch die menschliche Verpflichtung erledigt sei? Das wagen nicht einmal jene Naturforscher, die in Vertretung atheistischer Theorien nicht nur die Existenz Gottes, sondern auch jene der Seele leugnen; denn auch sie müssen zugestehen, daß der Mensch ein mit Vernunft begabtes Wesen sei, daß er sich durch den Besitz dieser Vernunft von den Thieren unterscheide, und daß die Pflege und Entwickelung der Vernunft, oder mit anderen Worten, die Pflege des Geistes und Herzens eine der wichtigsten Aufgaben jedes einzelnen Menschen und des gesammten Menschengeschlechtes sei. Wird aber zugegeben, daß das Existenzminimum auch noch die Erfüllung dieser allgemeinen menschlichen Verpflichtung zulassen müsse, so ist es klar, daß die Löhne der meisten unqualificirten Arbeiter schon längst unter dieses Existenzminimum hinabgesunken sind, und daß bei der Fortdauer der gegenwärtigen Organisation der Arbeit nur wenig Aussicht vorhanden sei, daß sie sich irgend einmal auf dieses Niveau des Existenzminimums erheben werden.

Wir sehen also, daß das Lohngesetz schon mit Rücksicht auf eine seiner wichtigsten Thesen ganz unklar formulirt ist. Es müßte, wenn wir den Standpunkt derjenigen gelten lassen, die sich heute zu demselben bekennen, lauten: daß der Arbeitslohn eine fortwährende Neigung zum Sinken habe, und daß die unterste Grenze durch den nothbürftigsten Schutz vor dem acuten Verhungern gebildet werde; denn es giebt genug Arbeitslöhne, und dies ist hinlänglich bekannt und durch zahlreiche wissenschaftliche Untersuchungen außer Zweifel gestellt, bei welchen ein chronisches Verhungern der Arbeiter stattfindet.

Dieser Zustand ist die erste Ursache für das Entstehen des socialen Problems. Wir leugnen, daß derselbe herbeigeführt wurde durch ein Naturgesetz; wir leugnen, daß das eherne Lohngesetz einen höheren wissenschaftlichen Werth habe als die Theorie des Malthus, die wir verwerfen mußten. Wir haben bereits gesehen, daß die Behauptung des Malthus, die Menschen vermehren sich stärker als die Unterhaltungs= mittel, ein Nonsens ist; wenn eine Anzahl von Menschen daher nichts oder nicht genug zum Leben hat, kann die Ursache hiervon nicht in dem Mangel an Nahrungs= und Unter= haltsmitteln liegen. Als die 10,000 beschäftigungslosen Arbeiter im Jänner 1886 vor dem Wiener Bürgermeister erschienen, damit man ihnen Arbeit gebe, weil sie nichts zu essen hätten, lagerten in den Wiener Lagerhäusern tausende Hectoliter Getreide. Die Londoner Docks waren angefüllt mit Nahrungsmitteln, als kurz darauf in London sich 100,000 beschäftigungslose Arbeiter ansammelten. Es fehlt also durch= aus nicht an Nahrungsmitteln, und es ist daher ein für alle= mal unmöglich, den Nothstand auf das Malthus'sche Gesetz zu stützen. Das thut man übrigens auch nur mehr selten. Das Lohngesetz aber findet seine Hauptstütze durch die auch von Smith anerkannte Behauptung, daß die Mittel zur Be= zahlung der Arbeiter aus einem fixen Lohnfonds, der gewisser= maßen jedem Lande von der Natur in verschiedener Größe zugewiesen worden sei, bestritten werden müsse, und daß jede Vermehrung der arbeitenden Classen daher eine Verminderung des Antheiles eines einzelnen Arbeiters bewirke, ja daß die allzurasche Vermehrung des Arbeiterstandes endlich eine große Anzahl Beschäftigungsloser nothwendig in die Welt setze, für die aus dem fixirten Lohnfonds nichts mehr abfalle. Wie wenig vernünftig diese Theorie sei, ist unschwer zu erkennen. Sie fußt auf der Annahme, daß jedem Lande eine bestimmte Summe von Capital zugefallen sei, daß diese Capitalssumme nur geringen Veränderungen und dies nur durch den Einfluß des Auslandes unterworfen sei, und daß dem zu Folge die

Vertheilung des vorhandenen Capitals nach productiven und unproductiven Richtungen nothwendigerweise in ganz streng umschriebenem Ausmaße vor sich gehen müsse.

Diese unsinnige Theorie von der Fixirung bestimmter Capitalswerthe in jedem Lande ist durch einen kurzen Rückblick auf geschichtlich feststehende Thatsachen sofort zu widerlegen. Es genügt die Frage: Um wie viel hat Sully das Capital Frankreichs durch die Reform der Bodenbewirthschaftung vermehrt? Die Frage kann ziffermäßig nicht beantwortet werden; aber sie zeigt, daß die Natur ein Ungemessenes ist, und daß es nur an dem Menschen liegt, sich sein Theil nach seiner Kraft und seinem Bedürfnisse aus diesem uncontrolirten Schatze zu entnehmen.

Henry George beginnt in seinem Werke: „Fortschritt und Armuth" seine Ausführungen mit der Bekämpfung der Lohntheorie; es gelingt ihm, dieselbe durch die Aufstellung neuer Principien zu widerlegen, welche zugleich die Grundlagen zum Aufbau eines neuen wirthschaftlichen Systems bilden. Dieselben lauten:

„1. Der Lohn wird nicht dem Capital entnommen, sondern durch die Arbeit geschaffen;

2. Der Unterhalt der Arbeiter wird nicht dem Capital entnommen."

Der Beweis für die Richtigkeit dieser Principien wird in völlig unwiderlegbarer Weise erbracht. Doch ist die Erkenntniß dieses Verhältnisses schon vor Henry George bedeutenden Gelehrten zu Theil geworden. So finden wir bei Schäffle bereits folgende Erörterungen:

„Nicht der speculative Capitalist, sondern der Consument zahlt die Löhne. Der Unternehmer ist blos Zahlmeister der Consumenten, für welche er ein Risico vorschußweiser Zahlung gegen eine in der Regel reichlich bemessene Prämie übernimmt."

Auch die eigentliche Consequenz der Lohntheorie verwirft

Schäffle. Er sucht die Lohnhöhe, speciell Steigen und Fallen der Löhne, durch das Schwanken des Tauschwerthes der Arbeit zu erklären, und es kann nach einer sorgfältigen Prüfung seiner Ausführungen nur anerkannt werden, daß er principiell das Richtige getroffen hat. Die bezüglichen Deductionen lauten:

„Der natürliche Tauschwerth der dienenden Arbeit, nach welcher sich der laufende Lohn richtet, liegt nun an jenem relativ niedrigsten Puncte, der vom Arbeitsangebote repräsentirten Reihe individueller Arbeitskostenwerthe und an jenem relativ höchsten Puncte, der von der Arbeitsnachfrage repräsentirten Reihe der Arbeitsgebrauchswerthe, bei welchem die Nachfrage und das Angebot volkswirthschaftlich ins Gleichgewicht zu kommen vermögen."

„Der Arbeitsgebrauchswerth hat sein Maß am Werthe des Arbeitsertrages, der Arbeitsfrucht für den Lohngeber, an der Productivität oder Fruchtbarkeit der Arbeit. Derselbe bestimmt nur das Maximum, das der Lohngeber wirthschaftlicher Weise zahlen kann, nicht welchen Lohn er zahlen muß oder wirklich zahlt. Nur hoher Arbeitsgebrauchswerth gestattet absolut hohen Lohn."

„Der Kostenwerth der Arbeit richtet sich nach dem Unterhaltsbedarf; denn die Arbeit ist ein Aequivalent vorausgegangenen Unterhaltsaufwandes, und sie erfolgt, um aufs Neue Unterhalt zu schaffen."

Soweit die bezüglichen Ausführungen Schäffle's. Man sieht, daß er es nicht vermag, aus seinen richtigen Principien auch die richtigen Schlüsse zu ziehen; sonst könnte er nicht in einem Athem behaupten, daß die Arbeit ein Aequivalent vorausgegangenen Unterhaltsaufwandes sei, und daß sie erfolge, um aufs neue Unterhalt zu schaffen. Nur eines von beiden kann richtig sein, und aus Schäffle's eigenen Deductionen ergiebt sich, daß nur das letztere richtig ist. Auch gegen die These, daß die Löhne nur durch die Factoren Arbeitsgebrauchswerth und Arbeitskostenwerth nach oben und nach unten begrenzt werden, sündigt er durch die eingeflochtene Behauptung: daß die relative Höhe des Lohnes mit der Productivität der Arbeit „überzähliger" Arbeiter sinke, während der Ertragsantheil des Capitals, insbesondere des „unvermehrbaren" „unbeweglichen" Capitals dann fortwährend wächst.

Wie lautet also das wahre Naturgesetz der Armuth? Diese Frage beantwortet sich nun von selbst: Es giebt kein Naturgesetz der Armuth!

Alles, was die im Dienste der Geldsäcke stehende Wissenschaft ausdenken konnte, um die Armuth eines großen Theiles der Menschheit durch die Wirkungen eines Naturgesetzes zu erklären, kann nicht Stich halten vor den logischen Untersuchungen, die nicht von falschen Prämissen, sondern von den natürlichen Verhältnissen ausgehen. Alle diese Bollwerke, hinter denen sich der Reichthum verschanzte, um sich gegen die Vorwürfe der Hungernden und Frierenden zu decken, sind hinweggeräumt. Der Ehrensold, der einem Malthus gezahlt wurde für die Erfindung seiner Bevölkerungstheorie, ist nutzlos vergeudet, die schlauen Fußangeln des Lohngesetzes sind heute niemand mehr verborgen. Armuth und Reichthum stehen sich Aug' in Auge gegenüber. Sie beginnen den Kampf mit ganz gleichen Waffen, mit den Waffen der Wirklichkeit und nicht mit denen erträumter Naturgesetze. Was der Reichthum an Mitteln vor der Armuth voraus hat, das ersetzt diese durch die Masse. Und der Masse müßte der Reichthum erliegen, aber mit ihm auch die Civilisation. Darum ist der Kampf aufzunehmen von einem dritten, von dem Vertreter der Civilisation, der befugt ist, der Armuth und dem Reichthum die Waffen aus der Hand zu schlagen und Frieden zu stiften durch eine gerechtere Vertheilung der Güter, durch Schaffung neuer Grundlagen der Gesellschaft. — Der socialistischen Gesetzgebung der Staaten gehört die Zukunft.

Fortschritt und Armuth.

Es giebt kein Naturgesetz der Armuth. Noth und Elend unter dem Menschengeschlechte beruhen nicht auf ewig wirkenden, dem menschlichen Einflusse entrückten Gesetzen, sondern sie beruhen auf Satzungen, die aus dem Organismus der menschlichen Gesellschaft entsprungen sind. Auch hier und vielleicht gerade hier gilt das Dichterwort:

„Es erben sich Gesetz und Rechte,
Wie eine ewige Krankheit fort.
Sie schleppen von Geschlecht sich zu Geschlechte
Und rücken sacht von Ort zu Ort.
Vernunft wird Unsinn, Wohlthat Plage.
Weh Dir, daß Du ein Enkel bist!
Vom Rechte, das mit uns geboren ist,
Von dem ist, leider! nie die Frage."

Die Form, unter welcher das ungeheuere Uebel der steigenden Fluth des Elends aufzutreten pflegt, und die Veranlassungen, durch welche periodische Zunahmen dieser Fluth bewirkt werden, sind heute kein Geheimniß mehr. Das Entstehen, der Verlauf und der innere Zusammenhang der Krisen mit dem Steigen und Fallen dieser Fluth sind von der Nationalöconomie erkannt und häufig geschildert. Aber die Ursachen dieser Erscheinungen, die Causalität des ganzen Processes ist noch immer verborgen, und emsig wird in dem Schutte veralteter Anschauungen gegraben, um die Wurzeln des Uebels aufzudecken. Es wäre Hochmuth, wenn ich heute vor Sie hintreten wollte mit dem Rufe: „Mir ist die Lösung des schweren Problems gelungen, ich allein bin der Glückliche, dem es von dem Schicksale gestattet wurde, mit unbestrafter Hand den Isisschleier zu heben und die Wahrheit zu schauen. Was ich Ihnen zur Lösung dieser Fragen zu sagen habe, gleicht vielleicht nur einem einzigen Spatenstiche in dem Schachte, der uns zum Urquell des Erkennens führen kann. Aber zahllose Hände arbeiten an diesem Werke, und wenn nur alle tapfer zugreifen, so wird es erfolgreich zu Ende geführt werden.

Zu groß sind die Errungenschaften der Wissenschaft und des Könnens, zu mächtig ist der menschliche Fortschritt, als daß die wachsende Noth der mittleren und unteren Bevölkerungs= schichten nicht wie ein schreiendes Mißverhältniß hierzu er= scheinen sollte. Seit einem Jahrhunderte stehen die Gelehrten diesem Probleme gegenüber, und die Wissenschaft der National= öconomie dankt ihre Entstehung dem Bestreben, dasselbe auf dem Wege des Denkens zu lösen. Immer klarer umschreiben sich die Umrisse dieses düsteren Räthsels. Die ungeheueren Fragen, die ihm entquellen, schweben auf unseren zitternden Lippen. Stets größer wird die productive Kraft des Menschen= geschlechtes und stets geringer die Zahl der wirklich Genießenden: stets größer wird die Zahl der Maschinen, welche arbeitende Hände überflüssig machen, und stets geringer wird der Lohn für jene Hände, die Arbeit finden: stets reicher werden die Ernten und stets zahlreicher die Hungernden. Und doch läßt sich eine unbestreitbare Thatsache nicht verkennen.

Wenn der Forscher durch die Reihen der Armen und Elenden, der Hungernden und Frierenden, der Arbeitslosen schreitet, die sich zu einem großen Meeting in einer volkreichen Stadt versammeln, um in gewissem Sinne durch die Massen= haftigkeit des Elends gegen die bestehende sociale Ordnung zu protestiren, so wird er das Gefühl des tiefen Schmerzes über die Noth seiner Brüder nicht zurückdrängen, aber sein Blick wird in die Jahrhunderte menschlicher Entwickelung dringen, und es wird seinem Geiste als ein großer Fortschritt erscheinen, daß hier Menschen in freier Versammlung für die Verbesserung ihrer Lage plaidiren, die vor zweitausend Jahren noch als Kettensclaven das Landgut eines einzigen Reichen hätten bewirthschaften müssen, gezüchtet wie das Vieh, nur unwürdiger gehalten und genährt, deren schönstes Loos gewesen wäre, unter der Führung eines Spartacus besiegt zu werden und an tausend und tausend Kreuzen längs der Heerstraßen zu sterben, wenn sie es versucht hätten, den Bau der damaligen socialen Ordnung zu zertrümmern.

Wenn dann sein Auge, zurückkehrend von der Betrachtung vergangener Dinge, der Wirklichkeit sich wieder öffnet und auf diese nach Brod heulenden Massen fällt, so wird nicht jene Trostlosigkeit sein Gemüth erfassen, die das Product der Verzweiflung ist, sondern sein Schmerz wird durch die Hoffnung verklärt werden, daß von den Ruderbänken und aus den Erdlöchern der römischen Sclaven bis zu dieser freien Versammlung ein weiterer Weg zurückzulegen war als zu dem Ziele, aus jedem Theilnehmer dieses tobenden Meetings einen zufriedenen Menschen zu machen.

Der Verwirklichung dieses Zieles steht zunächst der ungeheure Gegensatz hinderlich im Wege, der sich zwischen den besitzenden und den besitzlosen Classen entwickelt hat. Die besitzenden Classen, oder mit dem Schlagworte des Tages es ausgedrückt, der Capitalismus hat sich eine Theorie des Socialismus aufgebaut, die etwa darauf hinausgeht, daß unter socialer Frage nichts anderes zu verstehen sei, als die Auflehnungsversuche des Proletariats gegen die bestehende politische und sociale Ordnung. Wie man sieht, eine Verwechselung des in Rede stehenden Begriffes mit jenem der socialen Revolution.

Für den Capitalismus ist allerdings schon die bloße Formulirung der socialen Probleme die Vorbereitung der socialen Revolution. Er kümmert sich wenig um theoretische Unterscheidungen, sondern geht von der Ansicht aus, daß jeder Eingriff in die capitalistische Interessensphäre einem Verbrechen gleich zu halten sei. Für ihn tritt die sociale Bewegung im besten Falle als mehr oder minder gewaltsamer Versuch der durch Noth, Elend und Rechtlosigkeit zur Verzweiflung getriebenen Massen in Erscheinung, die bestehende Ordnung zu ihren Gunsten zu ändern oder umzustürzen. Und wenn je vielleicht das Gewissen sich regt und die Erbarmungslosigkeit anklagt, mit welcher die Massen in das Elend gestürzt wurden, so findet ein Malthus eine Theorie, welche die herrschenden Zustände wissenschaftlich begründet und auf die Wirkungen eines Naturgesetzes zurückführt, was menschlicher Egoismus gegen die sittliche Weltordnung, gegen die christlichen Gebote und gegen die natürliche Entwickelung des Menschengeschlechtes gesündigt haben! Der Traum, der dem Entbehrenden diese Welt erträglich machen kann, daß es eine Glückseligkeit gäbe, die entweder in diesem oder mindestens in jenem Leben einmal allen guten Menschen zu Theil werden müsse, ist vernichtet worden. Indem die Zerstörung der religiösen Begriffe durch die fortschreitende Aufklärung den Massen den Glauben an eine weise waltende, die ungleiche Vertheilung der Güter in irgend einer Form wieder gut machende Weltregierung nahm, schuf sie die Bedingungen der socialen Revolution.

Die capitalistische Partei hat sich lange dagegen gesträubt, anzuerkennen, daß die Masse der Besitzlosen durch Noth und Elend bedrängt sei; ja es fehlt nicht an solchen, die dies auch heute noch leugnen, die mit spöttischem Lachen die Nachrichten von dem Hungertode einzelner Unglücklicher in den Bereich der Zeitungsenten verweisen, die den Muth haben, den Hang zum Wohlleben für die Noth des Proletariers verantwortlich zu machen, für welche die Nachweise über die anwachsenden Zahlen der Verurtheilten, der Obdachlosen, der Selbstmörder, der unehelichen Kinder, der Raubmorde keine verständliche Sprache reden!

Zum Glücke ist jedoch die Zahl dieser Ungläubigen nur klein. Die große Mehrheit der Besitzenden giebt sich heute über diese Thatsachen keiner Täuschung mehr hin. Nur gegen den Vorwurf der Rechtlosigkeit bäumt sich das Selbstbewußtsein jedes Besitzenden auf. Wer will behaupten, daß in unseren wohlconditionirten, parlamentarisch verwalteten Staaten Rechtlosigkeit herrsche, ja daß ein großer, wenn nicht der größte Theil der Bevölkerung darunter leide? Und doch ist es so! Das Recht als solches ist nach unseren Staatsverfassungen wohl allen Bürgern ohne Unterschied des Standes oder Ranges „theoretisch" gemeinsam, in Wirklichkeit ist diese Gemeinsamkeit aber aus dem Grunde „practisch" nicht verwerthbar, weil der arme Mann sein Recht nicht suchen kann. Der „Kampf ums Recht" erfordert Zeit und Geld, zwei Dinge, über die der Arme nicht verfügt, und da unser Staatsleben das Institut der Volkstribunen nicht kennt, — so schüchterne Anläufe dazu, wie die Institution der Exoffo-Vertreter wird man wohl kaum in Betracht ziehen können —, so bleibt das Unrecht, das dem armen Manne zugefügt wird, zumeist ungesühnt. Wie groß ist leider die Summe dieses Unrechtes, wie schwer empfunden sind seine Folgen, wie tief ist der Haß, der in diesem Boden seine Wurzel hat! — Aber selbst wenn die Benutzung der bestehenden Rechtsinstitutionen dem Armen durch die erwähnten Hindernisse nicht verschlossen wäre, was wäre für ihn gewonnen?

Es ist der Geist der Gesetze, der sich drohend gegen den

Besitzlosen erhebt, sowie unsere Sitte ihn erniedrigt und aus der guten Gesellschaft ihn ausschließt. Diesen Geist vermögen selbst unsere Gesetzgeber mit allen ihren wohlwollenden Abänderungen der harten römischen Rechtsbegriffe, die an Stelle unseres germanischen Nationalrechtes getreten sind, seiner Härte nicht ganz zu entkleiden; denn die Praxis vernichtet die Milde der Theorie. Die Rechtslehrer haben sich von Jugend auf an der Tradition des römischen Rechtes begeistert, und ihre Schüler sitzen auf den Stühlen der Richter und der Vertheidiger, und sie alle stehen unter dem Banne einer unserer Civilisation fremden Weltanschauung, einer Weltanschauung, die keine Ahnung hat von der Idee der Gleichberechtigung aller Menschen, einer Weltanschauung, welche die Freiheit abhängig macht von dem Besitze, die Unfreiheit eine Folge sein läßt der Besitzlosigkeit. Wehe dir, wenn du als Angeklagter oder als Schuldner vor das Forum des römischen Rechtes geschleppt wirst! Du kannst niemals jene Beschlüsse anrufen, die, einstens auf der Rathswiese bei London gefaßt, die Freiheit und den Stolz des englischen Bürgerthums begründeten! Du hastest beinem Gläubiger selbst mit dem unentbehrlichsten Theile deiner Habe. Ja er kann dir deinen Rock ausziehen, wenn er ihm werthvoll dünkt, und dir einen elenden Kittel dafür verabreichen, der nur deine Blöße deckt! So schaffen Richtersprüche täglich neue Proletarier, und das Tribunal wird zu einem Hilfsmittel der herrschenden Classe, ihre Macht auszubreiten und zu befestigen.

Seit dem Aufkommen der großen Ideen über die Menschenrechte und seit der Propagirung derselben auf europäischem Boden durch die französische Revolution ist zwar unausgesetzt um die politische und sociale Rechtsgleichheit aller Bürger civilisirter Staaten gekämpft worden. Aber der Egoismus müßte ein minder hervorstechender Zug des menschlichen Charakters sein, wenn nicht die jeweiligen Sieger in diesem

Kampfe sofort wieder zu Unterdrückern geworden wären. So wurden von 1789 bis 1848 wohl die Privilegien der bevorrechteten Classen zerstört; aber an die Stelle dieser Standes- und Individual-Privilegien sind Real-Privilegien getreten, die nicht minder drückend sind, als jene es waren. Die Garantie der individuellen Freiheit ist allerdings auch dem Aermsten geworden, aber mit dieser Garantie hat sich die Gesammtheit jedweder Verpflichtung für die Sorge um das materielle Wohl des Einzelnen entlastet, und die Doctrin der Staatshülfe, die eine in allen Entwickelungsstufen staatlichen Lebens der civilisirten Völker anerkannte Idee von den Verpflichtungen des Staates zur Grundlage hat, mußte in unserer Zeit gewissermaßen erst erfunden werden und wird selbst von einem großen Theile derjenigen verworfen, denen sie Nutzen bringen soll. Die fortwährende Vermehrung der Werthzeichen des Capitals bewirkt eine ungeheuere Theuerung der Lebensbedürfnisse, so daß nicht nur der Arbeiter, sondern auch der kleine und mittlere Beamte, der Lehrer, der Advocat, der Arzt, kurz auch die Repräsentanten der sogenannten gebildeten Stände, sofern sie blos auf den Ertrag ihrer Arbeit angewiesen sind, nicht so viel herbeizuschaffen vermögen, als zur Bestreitung der Lebensbedürfnisse nöthig ist.

So bemächtigt sich der Masse der Besitzlosen immer mehr das Gefühl, daß es für sie kein Heil gebe! Es scheint undenkbar, eine solche Verbesserung der Löhne zu erzielen, daß nicht nur die nothwendigsten Bedürfnisse bestritten werden können, sondern daß dem Arbeiter auch noch etwas für den Schmuck des Lebens, für das Vergnügen und für die Altersversorgung übrig bleibe. Zumeist muß der Arme seine Kinder in Folge mangelnder Pflege und Nahrung körperlich und geistig verkümmern sehen, er sieht sich selbst und sein Weib vor der Zeit dahinwelken, und außer der selten hinlänglichen Stillung des Hungergefühls bleibt ihm von den Schönheiten des Lebens nur die reizlose Befriedigung des anderen Triebes, der nach des Dichters Wort mit dem Hunger dieses Weltgetriebe zusammenhält.

Wenn man die tiefe Bedeutung des socialen Problems in seiner Ausgestaltung nach unten vollständig erkennen will, dann muß man hinabsteigen zu den untersten Schichten der Armen und Elenden. Was hat die moderne Civilisation diesen gebracht für die Güter des Glaubens und Gottvertrauens, die sie ihnen genommen hat? Diesen Parias der modernen Gleichberechtigung wird kein Messias kommen, der das Evangelium predigt: „Lasset die Armen und Elenden zu mir kommen, denn ihrer ist das Himmelreich!" Diesen einzigen Trost hat ihnen die Civilisation geraubt! Ihrer ist kein Himmelreich! Kein Trost in diesem und keine Hoffnung auf jenes Leben. Sie begreifen die Lehren der modernen Wissenschaft nicht; aber sie haben es tausendmal gehört, daß in dem mechanischen Gange der Weltkörper im unendlichen Raume weder ein Oben noch ein Unten ist, daß es dort keinen Platz giebt weder für einen Himmel noch für eine Hölle. Von diesen Sclaven der Arbeit erhebt keiner seinen Blick zu den lichten Höhen in der Hoffnung, daß ein liebes Vaterauge auch auf ihn, den Wurm im Staube, herabschaue! Mit dem Glauben an eine ewige Vergeltung, an eine Ausgleichung des hier erlittenen Unrechtes nach dem Tode ist aber auch der Autoritätsglaube aus dem Herzen der dumpfen Menge verschwunden. Dies ist die Quelle jener Erbarmungslosigkeit, mit welcher dieselbe bereit ist, alle Schöpfungen unserer modernen Cultur zu zertrümmern; dies ist der Ursprung und der Werbeplatz für jene Petroleurbanden, welche ausziehen, um alle Werke der Kunst zu vernichten und dem Erdboden gleich zu machen, was sich über das Niveau des Gewöhnlichen erhebt. Die Philosophie dieser recht- und besitzlosen Horden, die schlimmer als die Mongolen und Tartarenheere des Mittelalters den Fortschritt der Civilisation in der Neuzeit bedrohen, fußt auf der Anschauung, daß Existenzberechtigung nur habe, was zur Befriedigung ihrer Bedürfnisse dienlich und ihnen erreichbar sei. Ihr Haß bäumt sich auf gegen die erhabenen Werke der Civilisation, gegen die Dome, die Paläste, die Statuen, die Gemälde, gegen alle Dinge, welche dem Luxus und dem Comfort des Lebens angehören; sie sind ihnen ewig unerreichbar und nur dazu geschaffen, ihnen die Tiefe ihrer Erniedrigung, die Qual ihrer Entbehrungen, die Thatsache ihrer Enterbung recht anschaulich vor Augen zu führen. Darum hinweg damit von dem Antlitze der Erde, das dort am schönsten ist, wo es die Werke menschlicher Cultur nicht verunstalten. An allen diesen Werken klebt das Blut und der Schweiß von Milliarden Unglücklicher, die an der Schaffung derselben in rauher Arbeit geseufzt haben; Milliarden Unglücklicher, die ihre Flüche auf die wenigen Glücklichen häuften, zu deren Lust und Vergnügen sie diese Werke schufen!

Aus dem Gefühle des tiefen Hasses entsteht die Frage in ihnen: „Wozu diese Paläste, in denen der Reichthum den Schweiß der Armuth verpraßt, wozu diese Gallerien, in denen die üppige Fülle des aus der Armuth geborenen Lasters die Sinne des Reichen kitzelt, daß er noch öfter versuche, seine Lüste durch die Entehrung der Töchter des Volkes zu befriedigen?" Die Antwort auf eine solche Frage ist in der Frage selbst gegeben.

Dies ist der Gedankenkreis, der heute die besitzlose Masse beherrscht, und eine schauerliche Propaganda predigt dieses Evangelium unermüdlich und wirbt Proselyten. Mit finsteren Blicken erscheinen die modernen Sclaven der Arbeit in der Werkstätte, schweigend verrichten sie die harte Arbeit Tag für Tag und harren auf die Stunde der furchtbaren Abrechnung, die sie zu halten gedenken.

Daß diese Stunde niemals komme, das ist die große

Aufgabe der modernen Socialpolitik. Dieser Haß in der Brust der Besitzlosen muß getilgt, dieser Grimm gegen die Civilisation als der Quelle aller Leiden muß aus der Brust des Besitzlosen vertrieben werden, und an dessen Stelle müssen eblere Gefühle treten. Wer da sagt, daß sich dieses Problem durch die bloße Anwendung moralischer Mittel lösen lasse, ist entweder ein Betrüger oder in einer frommen, nicht zu entschuldigenden Täuschung befangen. Es heißt geradezu die Augen vor den Thatsachen verschließen, wenn man den Socialismus als eine rein geistige Bewegung, die allein durch Zucht, Unterricht und Wiedererweckung religiöser Gefühle in eine andere Richtung geführt werden könne, ansieht. Dieselbe ist im Wesentlichen ein Problem materieller Interessencollisionen.

Unsere ganze Zeit ist erfüllt von diesem Probleme. Wir sehen die Arbeitercolonnen in enger Verbrüderung ohne Rücksicht auf ihre Nationalität demselben Ziele zustreben: Umsturz der bestehenden politischen und socialen Ordnungen. Die Staatsverwaltungen beschäftigen sich seit langem mit demselben. Bis jetzt ist es ihnen nicht gelungen, eine Lösung zu finden. Es muß aber einen Weg geben, diesen scheinbar nicht zu überbrückenden Gegensatz zu versöhnen. Man dürfte glauben, daß der unausgesetzte Fortschritt, in welchem das Menschengeschlecht begriffen ist, diese Versöhnung gewissermaßen von selbst bringen würde. Aber diese Hoffnung erwies sich als eine Täuschung. Der Fortschritt hat vielmehr diesen Gegensatz verschärft. Die thatsächliche Besserung, die in dem allgemeinen Schicksale des Menschengeschlechtes eingetreten ist, wird von denjenigen, die noch immer leiden, nicht empfunden, und für sie liegt kein Trost in dem langsamen Fortschreiten, welches der Heilungsproceß des socialen Uebels aufweist. Es kann auch ein wirklicher Trost um so weniger darin liegen, als dieser langsame Fortschritt durch lange Epochen eines thatsächlichen Stillstandes in seiner Entwickelung unterbrochen wird.

Alles, was unsere Zeit gegen das Mittelalter und das Alterthum auszeichnet, war in Frankreich bereits im Ausgange des vorigen Jahrhunderts erreicht, und der sogenannte Proceß der Ständeausgleichung kann mit dem Jahre 1848 in ganz Europa als abgeschlossen betrachtet werden. Dieser Sieg der Humanität hat sich also ganz unabhängig und theilweise auch lange vor der Lösung jener technischen Probleme vollzogen, welche eben den materiellen Fortschritt unseres Zeitalters eigentlich begründen. Ja, man kann sagen, daß die Menschen in der Zeit von Beendigung der Freiheitskriege bis zum Beginne der großen Verkehrsentwickelung durch die Eisenbahnen ganz zweifellos in einem weit günstigeren Verhältnisse lebten als die heutigen Menschen, und daß namentlich die unteren Classen der Bevölkerung auch nicht annähernd so empfindlich unter dem allgemeinen Existenzkampfe zu leiden hatten, als dies heute der Fall ist.

Zwar fehlt es auch in diesem Zeitraume nicht an einzelnen kleineren Perioden, die mit Klagen über die fortschreitende Armuth angefüllt sind, aber die Massenhaftigkeit des Elends ist nicht vorhanden, die unserer Zeit ihr bestimmtes Gepräge giebt. Außerdem ist noch besonders zu bemerken, daß die Klagen vornehmlich von dorther tönen, wo die Industrie ihre ersten Triumphe zu feiern beginnt. Daraus ergiebt sich, daß gerade der ungeheure Aufschwung menschlichen Könnens und Wissens in der zweiten Hälfte unseres Jahrhunderts mit einer bedeutenden Verschlechterung des Looses der arbeitenden Classen verbunden ist. Wir wissen es wohl, und unsere Absicht ist es nicht, schweigend darüber hinwegzugehen, daß die eben aufgestellte Behauptung vielfach bestritten wird. Ja, die Statistik, diese große und bedeutsame Lehrmeisterin der Menschen, liefert bereitwilligst die Ziffern, um darzuthun, daß sich heutzutage das Loos eines Mannes aus der untersten Volksclasse ganz außerordentlich günstig gestalte im Vergleiche zu dem Schicksale unserer vorausgegangenen Generation. Wenn wir dazu die Bemerkung machen, daß keine Behauptung aufzustellen sei, die sich selbst sowie auch deren Gegentheil nicht statistisch erweisen ließe, so soll dies kein Vorwurf gegen die Statistik sein, sondern blos gegen die Statistiker, von denen die Worte der Schrift gelten können, sie haben Augen zu sehen und sehen nicht, und sie haben Ohren zu hören und hören nicht.

Aber selbst wenn die Richtigkeit der Behauptung, daß sich das Loos der Arbeiter verbessert hat, zuzugestehen wäre, würde sie kaum viel beweisen, weil es ja immerhin möglich ist, daß innerhalb gewisser Districte sich günstige Aenderungen aus localen Ursachen ergeben können.

Für das allgemeine Urtheil wird dies nichts ändern, und ein Vergleich aller diesbezüglichen Erscheinungen wird etwa das Resultat ergeben, daß die Wendung zum Schlimmeren überall seit dem Augenblicke datirt, als die freie Concurrenz zur Herrschaft gelangte. In Oesterreich datirt das bekanntlich nicht seit langem, und es ist gewiß bezeichnend, daß noch Dr. Giscra während seiner Ministerschaft sagen konnte, die sociale Frage reiche nur bis Bodenbach. Aber fünfzehn Jahre später finden wir in der Umgebung dieses Bodenbach, das noch zu Giscras Zeiten wie ein Felsen aufragte, an dem sich die Fluthen des Socialismus zu Gunsten Oesterreichs brachen, Zustände, welche die schlimmsten Vorbilder englischer Industriebezirke nicht hinter sich lassen. Es finden sich z. B. in einer Fabrik des nordöstlichen Böhmen folgende Verhältnisse*): Arbeitszeit 14 Stunden, davon 1 1/2 Stunden Ruhepause. Wochenlohn 1—5 Gulden. Vertheilung: 20,8 Procent der

---

*) Diese Daten sind entnommen: Dr. J. Singer „Untersuchungen über die socialen Zustände in den Fabriksbezirken des nordöstlichen Böhmen", Leipzig 1885.

Arbeiter erhalten 2,75 Gulden bis 3 Gulden per Woche, 37,1 Procent erhalten mehr, 41,9 Procent erhalten weniger. Die Geringfügigkeit dieser Löhne wird erklärt durch den merkwürdigen Hinweis darauf, daß die Bevölkerung dieses Districtes an eine spärliche Ernährung gewöhnt ist, und daß sich unter den Arbeitern auch Häusler befinden, die aus ihrem Besitze ein kleines Nebeneinkommen beziehen und sich daher mit einem geringeren Lohne begnügen können. Wie traurig diese Lohnverhältnisse sind, erhellt aber aus folgenden Zusammenstellungen: Budget einer Familie von fünf Köpfen: Einnahmen: Verdienst des Vaters per Woche 4,60 Gulden, der Mutter 4,54 Gulden, zusammen per Jahr 475,28 Gulden. Ausgaben per Woche: Miethe 0,84, Heizung und Beleuchtung 0,74, Wäsche und deren Reinigung 0,41, Kleidung 0,70, Schuhe 0,24, Nahrung 5,74, Leseverein und Lectüre 0,18, Krankencasse 0,12, zusammen per Woche 8,97 Gulden, per Jahr 466,44 Gulden. — Wie aber, wenn die Mutter der Pflicht des Weibes gerecht zu werden hat? Oder giebt es für das schwangere und gebärende Weib in den Codices solcher Fabrikherren keine Schonzeit? Genießt es nicht einmal die Rücksicht, die man einer trächtigen Kuh erweist?

Es ist nothwendig zu betonen, daß die Leiden des industriellen Proletariats nur einen kleinen Theil der Leiden ausmachen, mit denen die große Mehrheit des Menschengeschlechtes behaftet ist. Es erheben sich nicht geringere Klagen über die Noth des gewerblichen und des agrarischen Proletariats, und ohne der Wahrheit Gewalt anzuthun, kann man auch von einem vornehmen Proletariate sprechen, nicht in einem ironischen Sinne, sondern unter Zugrundelegung derselben Unterscheidungsbegriffe. Es giebt heute ein Proletariat der gebildeten oder vornehmen Stände, dessen Leiden aus der Armuth entspringen und alle Entwickelungsstufen zeigen vom Diurnistenelend bis zu den heimlich vergossenen Thränen hochstehender Amtspersonen, die ihre materielle Position eingebüßt haben und an dem Zwiespalte zwischen ihrer äußeren Rangstellung und ihrer materiellen Nothlage zu Grunde gehen müssen.

Aber der gleichmäßige Niedergang des Wohlstandes der mittleren und unteren Schichten der Gesellschaft kann nicht ausschließlich auf Verhältnisse zurückgeführt werden, welche eine nur auf bestimmte Erwerbsgebiete beschränkte Wirksamkeit haben. Wir werden uns daher durch die Schlagworte des Tages nicht täuschen lassen dürfen, und unsere Untersuchung wird nicht auf eine Erscheinungsform des wirthschaftlichen Lebens allein beschränkt bleiben dürfen.

Von den Wortführern in dem großen Streite der modernen Interessengegensätze werden zunächst zwei Richtungen vertreten. Die einen erscheinen als Ankläger des Grundbesitzes, die anderen als Ankläger des Capitals. Die Advocaten beider Richtungen sind Angehörige der capitalistischen Interessensphären. Ihnen stehen entgegen die Rufer im Streite der socialistischen Agitation, und diese erheben ihren Kampfruf gegen das gesammte persönliche Eigenthum, mag es welche Form immer haben. Nach diesen Unterscheidungen hat sich also der Weg der folgenden Untersuchungen zu richten.

Mit dem mobilen Capitale theilt sich in die Herrschaft dieser Welt jene Form des Besitzes, welche als Grundeigenthum schlechtweg bezeichnet wird und alles in sich schließt, was mit dem Besitze von Grund und Boden zusammenhängt. Man wird nicht verkennen, daß viele Werthzeichen des mobilen Capitals ihrer Natur nach zu dem Grundeigenthume zu rechnen sind. Würde man die socialistische Definition des Capitalsbegriffes gelten lassen, dann wäre übrigens diese ganze, an sich ohnedies nicht sehr werthvolle Unterscheidung verschiedener Capitalsformen eine durchaus müßige. Doch uns ist es hier keineswegs um Untersuchungen des Capitalsbegriffes oder der Capitalsform zu thun. Wir sprechen vom Capitale als von nichts anderem, denn einem der ausschlaggebenden Machtfactoren in der Gliederung der modernen Gesellschaft, in der Entwickelung der modernen Staatsorganismen, und in diesem Sinne wollen wir zunächst vernehmen, was über die Wirkung des Besitzes auf die Lage der Besitzlosen von den verschiedenen Richtungen vorgebracht wird.

Die bevorrechteten Classen des modernen constitutionellen Staates, deren Bevorrechtung, theoretisch unbegründet, nur in der factischen Ausbeutung der „Sclaven der Arbeit" besteht, besitzen ihre Macht im Wesentlichen durch die Anhäufung von Vermögen. Die Socialisten haben dieses Verhältniß mit „Herrschaft des Capitals" oder schlechtweg „Capitalismus" bezeichnet. Das Privilegium der Stände in der absoluten ständischen Monarchie beruhte auf dem Besitze von Grund und Boden. Dieser machte mit allen seinen Zugehörigkeiten und Erträgnissen den Haupttheil des Vermögens aus; den anderen bildeten die Edelmetalle. Es ist bezeichnend, daß die Einführung des Papierschwindels, der Beginn der Herrschaft des mobilen Capitals, mit dem beginnenden Zusammenbruche des Staates der Privilegirten in ein und dieselbe Zeit fällt, mindestens als beschleunigende Ursache dieses Zusammenbruches angesehen werden muß. In Wirklichkeit ist der Papierschwindel ganz an Stelle des privilegirten Bodenbesitzes der alten Monarchie getreten. Er schuf die Herrschaft des „mobilen Capitals".

Dieses mobile Capital setzt sich in der Form der es repräsentirenden Werthzeichen und Güter zusammen aus Staatstiteln, Actien und Hypothekarschuldtiteln verschiedener Art; ferner aus Werthzeichen der Banken und Creditinstitute, der Zettelbanken und Staatsnotenpresse; aus Producten, Fabricaten und Halbfabricaten, eine Aufzählung, bei welcher das bloße Werthzeichen vom factischen Werthe nicht getrennt wurde, um die Darstellung nicht zu compliciren. Den größten Theil bilden die Titel der **Staatsschulden**. Dieselben sind in Wirklichkeit Werthe, die nicht einmal unter allen Bedingungen von der am Fortbestande des Staates interessirten Partei honorirt werden, jedem politischen Umsturze aber in erster Linie zum Opfer fallen. Wenn der Nationalwohlstand auf der Bevölkerungsziffer und auf der durch dieselbe repräsentirten Arbeitskraft beruht, so sind die papierenen Werthzeichen verschiedener Art nichts anderes als Titel auf das Pfandobject der Arbeitserträgnisse der in diesem Falle nicht grundlos als „Proletarier" bezeichneten Bevölkerungsschichten. Der Wohlstand und das Staatsvermögen beruhen, wenn wir den heute herrschenden factischen Verhältnissen Rechnung tragen, auf dem Kindersegen der breiteren Volksschichten, denn wenn irgendwo so muß hier die „Masse es machen". Die Staatsschulden, die wichtigste Quelle des arbeitslosen Einkommens, die unstreitig einen Escompte der Zukunft des Staates darstellen, sind geradezu auf den Arbeitsertrag jener Classen basirt, die den Umsturz der bestehenden socialen und politischen Ordnung sich zum Ziele gesetzt haben. Würde es diesen Massen heute gelingen, die bestehende Staatsordnung ihren Zwecken dienstbar zu machen, so würde die erste Regierungsmaßregel die Aufhebung der Staatsschuld und die Werthloserklärung dieser Schuldtitel sein. Aber der Staat selbst sieht sich von Zeit zu Zeit gezwungen, durch den offenen oder verdeckten Bankerott sich seiner Verpflichtungen wenigstens theilweise zu entledigen. Die riesige Ausdehnung, welche die Staatsschulden der europäischen Staaten in den letzten Jahren genommen haben und das stetige Anwachsen derselben in steigender Progression lassen den Zeitpunct einer umfangreichen Krise, die mit einer ungeheueren Werthverminderung dieser Schuldtitel endigen muß, nicht mehr allzuferne erscheinen. Dies gilt von allen Werthen und Werthzeichen des mobilen Capitals.

Die Actie, welche ebenfalls einen Theil des mobilen

Capitals darstellt, ist die Werthform, welche das moderne Associationswesen zu seinen Zwecken geschaffen hat. Sie ist die eigentliche Repräsentantin des modernen Capitalismus, das Machtmittel, dessen sich derselbe zur Ausbreitung seiner Herrschaft bedient, die Saugader, mit welcher er die kleinsten Beträge mobilen Capitals aufsaugt und seinen Zwecken dienstbar macht. In der That konnte kein taugliches Instrument für die Ziele des Capitalismus erfunden werden. Die Actie entbehrt zumeist nicht eines reellen Werthes, wenn auch der Cours der meisten Actien an den Börsen viel zu hoch gehalten wird und daher heftigen Schwankungen ausgesetzt erscheint. Dies gilt hauptsächlich von den sogenannten Speculationswerthen, das sind Actien von Banken, Verkehrs- und Industrie-Unternehmungen, welche von den Börsenleuten als Spielpapiere benützt, entweder als solche internationalen oder blos localen Character haben. Neben diesen mehr oder weniger mit dem Stigma des Schwindels behafteten Actien giebt es Actien solider industrieller Unternehmungen, deren Papiere factisch nichts anderes sind als Antheilscheine für die Capitalsbetheiligung jedes Besitzers an dem betreffenden Unternehmen. Der Werth dieser Papiere schwankt nach dem jeweiligen Erträgnisse der industriellen Unternehmung und kann, wie der Werth dieser selbst unter Umständen gleich Null werden. Dies gilt von allen Actien für den Fall, wenn die staatlichen und socialen Verhältnisse sich ändern und demgemäß auch die Lebensbedingnisse eine totale Umgestaltung erfahren würden; denn ihnen allen liegt mehr oder weniger ein auf dem gegenwärtigen Culturzustande fußendes „pretium affectionis" zu Grunde.

Die Obligationen, welche für Hypothekarschulden ausgegeben werden — und nur diese kommen hier in Betracht, da die Darlehen auf Hypotheken den Charakter der Beweglichkeit, also ein unterscheidendes Merkmal des mobilen

Capitals einbüßen, wenn sie nicht wieder durch Schuldtitel auf kleine Beträge mobil gemacht werden, — sind theils Pfand= und Hypothekenbriefe, theils Prioritäten. Die ersteren kommen auch unter anderen Bezeichnungen vor, selbst als Loose, welche durch Hypotheken sichergestellt sind. Wie alles, was mit dem Grund= und Bodenbesitze zusammen= hängt, gewähren sie die relativ größte Sicherheit, und falls das emittirende Institut keine betrügerische Verwaltung besitzt, dürfte der nominelle Werth mit dem realen in den meisten Fällen gleich sein. Nicht vollständig gilt dies von den Prioritäten. Diese stellen wohl auch eine Hypothekarschuld dar, aber die Grundlage derselben ist doch bereits ein Unter= nehmen, dessen Lebensbedingungen wesentlich auf dem Fort= bestande des gegenwärtigen Culturzustandes fußen, und das mit dem Aufhören desselben werthlos würde. Die Verzinsung und Tilgung solcher Prioritätsschulden erfolgt nicht aus der Bodenrente, sondern aus dem Erträgnisse des betreffenden Unternehmens und ist theilweise durch Staatsgarantien sicher= gestellt, zwei Momente, welche keine unbedingte Bürgschaft bieten. So könnte z. B. ein längerer Krieg auch das best= fundirte Verkehrsunternehmen zahlungsunfähig machen und dadurch dessen Prioritätsschuld theilweise oder ganz entwerthen.

Eine andere Art von Werthzeichen für das mobile Capital sind die Noten. Diese Noten werden von Noten= oder Zettel= banken auf Grund eines Baarschatzes ausgegeben, der in der Regel aus Edelmetallen bestehen soll. Das Procentualver= hältniß zwischen der ausgegebenen Notenmenge und dem vor= handenen Baarschatze ist verschieden. Vielfach wird dieser Baarschatz ergänzt durch Wechsel, welche auf Metallwährung lauten und im gewöhnlichen Geschäftsverkehre Edelmetall repräsentiren. Da die Notenbanken staatliche Privilegien ge= nießen und mit dem Fortbestande des Staates in ihren Inter= essen enge verknüpft sind, so kommen sie wiederholt in die

Lage, in Zeiten der Gefahr ihren Baarschatz entweder ganz oder theilweise vorstrecken zu müssen. Daraus folgt dann eine Entwerthung der von ihnen ausgegebenen Noten, und es entsteht das Disagio, indem dieselben im internationalen Verkehre nur mit einem in seiner Höhe schwankenden Procentualverluste angenommen werden. Für den internen Verkehr hilft sich der Staat dann durch Decretirung des Zwangscourses, d. h. die Bürger eines solchen Staates sind gehalten, die Notenzeichen der privilegirten Bank nicht nach ihrem wahren, sondern nach ihrem nominellen Werthe zu bezahlen. — Eine andere Form der Noten stellt sich uns dar in der Staatsnote. Dieselbe ist eine Abart der Staatsschuld und repräsentirt im Grunde nur Titel einer unverzinslichen und nicht sichergestellten Staatsschuld. So lange der Staat für die Einlösung haftet, und so lange er die Staatsnoten zum vollen Nominalwerthe selbst in Zahlung nimmt, entbehren sie keineswegs eines gewissen realen Verkehrswerthes; in Wirklichkeit rangiren sie tief unter dem Werthe der Titel der verzinslichen Staatsschuld. — Eine dritte Art sind die Noten nicht privilegirter Banken und verzinsliche und unverzinsliche Cassenscheine, Checks, Wechsel und ähnliche Formen von Zahlungsanweisungen, entweder nach Sicht oder in vorher bestimmten Terminen zahlbar, welche den Verkehr des mobilen Capitals erleichtern helfen. Ihre Sicherheit ist in normalen Zeiten zumeist zweifellos, kann aber bei der geringsten Veranlassung gleich Null werden, ist überhaupt nach der Provenienz des betreffenden Papieres unendlich verschieden und allgemein nicht zu qualificiren. Da diese Papiere dem kaufmännischen Verkehre dienen, steht ihr Werth zumeist im geraden Verhältnisse zu dem jeweiligen Ertrage dieses Verkehrs, zu der ihm gewährten Sicherheit und zu seiner Reellität. Zur Capitalsanlage eignen sich diese Papiere nur auf ganz kurze Fristen. — Etwa in gleicher Weise zu qualificiren sind die

zum mobilen Capital zu rechnenden Producte, Rohstoffe, Halb=
fabricate und Fabricate, ebenso wie der hierauf beruhende
Verkehr in Warrants.

Prüfen wir die verschiedenen Formen des Capitals, so
erkennen wir, daß die Sicherheit desselben lediglich auf dem
ungetrübten Fortbestande der gegenwärtigen socialen und poli=
tischen Ordnungen und ihre Werthbestimmung auf der stetigen
Entwickelung der Consumtionsfähigkeit der Bevölkerung beruht.
Würde einer dieser Factoren geändert oder ungünstig beein=
flußt, so ergäbe sich sofort eine bedeutende Werthverminderung
entweder aller oder einzelner Capitalswerthe. Auf solchen
Werthverminderungen beruhen die zeitweilig eintretenden Krisen,
denen alle Werthe und Werthzeichen unterliegen. Man unter=
scheidet sie in Handels= und in Börsenkrisen. Innerhalb dieser
zwei Schlagworte giebt es eine große Menge von Krisen.
Man spricht von Krisen des Handels, Krisen der Production,
Krisen aller Werth= und Arbeitskategorien, Krisen der Roh=
production, Krisen der Landwirthschaft. Wir glauben, daß
die Ursachen aller dieser Kategorien von Krisen dieselben sein
müssen. Dies zu beweisen dürfte aber kaum gelingen und zwar
aus einem einfachen Grunde. So verheerend nämlich die
Wirkung der Krisen auf die Besitzlosen und Minderbemittelten
zu sein pflegt, so ist dieselbe für das Großcapital doch eine
der hauptsächlichsten Gelegenheiten, seine Concurrenten zu be=
seitigen und seine Mittel zu vermehren. Dies hat zur Folge,
daß neben jenen Krisen, die dem natürlichen Lauf der Dinge
zu entspringen scheinen, künstliche Krisen herbeigeführt werden.
Dies läßt sich nun auf dem Gebiete des Handels und der
Industrie nur schwer beweisen, obwohl die amerikanischen Oel=
und Eisenringe die Sache selbst außer allen Zweifel stellen.
Leichter könnte der Beweis hierfür bei den Speculations= oder
Börsenkrisen gelingen, aber gerade hierfür erscheint es zweck=
los, ihn zu führen.

Es war nothwendig, die Form des Capitals und seine Sicherheit zu erörtern, um den Haß zu verstehen, mit welchem die arbeitende Classe gegen den Capitalismus erfüllt ist. Er hat seine Wurzel in der speculativen, ununterbrochenen Aenderung der Kaufkraft der mobilen Werthzeichen und in der hieraus resultirenden Schwankung des Werthes der Arbeit zu Ungunsten des Arbeiters. Diese steten Schwankungen sind die Folge der Krisen, welche sich aus der Wirksamkeit des modernen Capitalismus ergeben. Von dem untersten Arbeiter angefangen, der durch den plötzlichen Stillstand der Fabriken brodlos wird, bis zu dem Unternehmer oder Rentier mit kleinem Capital, — bis zu den Wittwen und Waisen, die auf den Ertrag von Vermächtnissen, die in Papieren erliegen, angewiesen sind, wird alles in Contribution gesetzt, um das Vermögen des Großcapitalisten zu erhalten. Die infame Schlauheit, die satanische Berechnung, mit welcher solche Acte grimmiger und brutaler Ausbeutungssucht ins Werk gesetzt werden, erfahren nur darum nicht sofort die Bestrafung durch eine unerbittliche Lynchjustiz, weil die Veranstalter dieser Krisen zu weit abstehen von der großen Menge, als daß sie als die wahren Urheber erkannt werden könnten.

Solche Verhältnisse geben den modernen Demagogen, die mit ihren Schlagworten die Massen aufregen, um ihren Vortheil zu suchen und vielleicht auch zu finden, die Waffen in die Hand. Und je größer das Leiden, je bedeutender die Zahl der Leidenden ist, desto leichteres Spiel haben sie. Bewirkt es der Gang der Ereignisse, daß eine Epoche des Niederganges eintritt, dann ist ihre Zeit gekommen. Denn es haben dann jene ein leichtes Spiel, welche den Leidenden das Evangelium des Umsturzes predigen. Reißt die Mauern der menschlichen Zwingburg, genannt Civilisation, ein, begrabt unter ihren Trümmern die oberen Zehntausend, den Staat, die alten Gesetze und Ordnungen, die Weisheit der Väter und beginnt ein neues Leben auf neuen Grundlagen, nach neuen Begriffen von Ehre und Zucht! Es sei keine Familie, es sei kein Eigenthum, es sei keine Autorität: nur die Menge herrsche über die Menge, und wehe dem klugen Kopfe, der es wagt, über die anderen hervorzuragen! Ist denn dies Evangelium neu, ist es noch niemals gehört worden in den Stürmen, welche die menschliche Civilisation umtoben? Gewiß! Es ist der Lockruf der Demagogen schon in früheren Zeiten gewesen. Macht sich doch schon Shakespeare in seinem „Sturm" über die Idee des communistischen Staates lustig. Es sei mir erlaubt, das Gespräch zwischen Gonzalo, Sebastian, Antonio und Alonso hier wiederzugeben.

Gonzalo: Hätt' ich dies Eiland anzubauen, Herr....

Antonio: So würd' er Nesseln säen.

Sebastian: Disteln, Kletten.

Gonzalo: Und wäre König d'rauf, was thät' ich? Rathet!

Sebastian: Gewiß nicht trinken, da's am Weine fehlt.

Gonzalo: Ich würde das Gemeinwohl einzig fördern durch Gegenseitigkeit und keine Art von Handel, auch kein Amt und keine Schule hier dulden. Arme, Reiche kennt man nicht, nicht Dienstbarkeit, Verträge, Erbschaft, Grenzen und Zäune, weder Wein= noch Ackerbau, desgleichen kein Metall, kein Korn, kein Oel und keine Arbeit. Jedermann ging' müßig, die Weiber ebenso, doch keusch und rein. Regierung gäb' es nicht....

Sebastian: Doch ist er König.

Antonio: Das Ende und der Anfang seiner Republik widersprechen einander.

Gonzalo: Alles gemeinsam bringt Natur hervor, ganz ohne Müh' und Schweiß. Verrath, Betrug, Schwert, Lanze, Messer, Waffen jeder Art und Kriegsbedarf sind nicht bei mir geduldet; für mein unschuldig Völklein spendet alles Natur in Ueberfluß aus eig'nen Gaben.

Sebastian: Geheiratet wird nicht unter seinen Unter=
thanen?

Antonio: Niemals, Freund; alle sind frei; lauter Dirnen
und Schelme.

Gonzalo: Mein Reich, Herr, sollte so vollkommen sein,
daß es das gold'ne Alter überträfe.

Sebastian: Gott erhalte seine Majestät!

Antonio: Hoch lebe Gonzalo!

Gonzalo: Und, Herr, versteht mich recht . . . .

Alonso: Ich bitt' dich, schweig'! Du schwatzest Nichtig=
keiten. —

Freilich, so einfach und naiv, wie ihn Gonzalo hier zum
besten giebt, ertönt der Lockruf an das Heer der Besitzlosen
heute nicht mehr. Auch der Arbeiter steht heute auf einer
Bildungsstufe, die ihn befähigt zu erkennen, daß das com=
munistische Ideal eben nur ein Ideal ist. Aber die Fabri=
kanten der Schlagworte haben zur Bekämpfung des Capitals
den collectivistischen Staatsbegriff erfunden, und Schäffle unter=
zog sich der Mühe, diesen Staatsbegriff wissenschaftlich zu
formuliren. Seine bezüglichen Ausführungen lauten ungefähr:

„Das Ziel des heutigen Socialismus ist Ersetzung des
Privatcapitals durch das Collectivcapital, d. h. durch eine
Productionsweise, welche, auf Grund collectiven Eigenthums
der Gesammtheit aller Mitglieder der Gesellschaft an den
Productionsmitteln, eine einheitlichere Organisation der
Nationalarbeit durchführen, diese unter berufsanstaltliche
Leitung stellen und unter dieser Leitung die Vertheilung des
Productes der gemeinsamen Arbeit nach dem Maße und
gesellschaftlichen Gebrauchswerth der productiven Arbeit eines
jeden an jeden einzelnen vornehmen wird." Das ist also die
Idee des künftigen Collectivstaates!

Gegen diese Definition erhebt der Vertreter der mensch=
lichen Civilisation seinen Protest. Wie lautet seine Definition

des Staatsbegriffes? „Die Summe aller geistigen und materiellen Interessen, sowie aller socialen, politischen und civilisatorischen Ordnungen und Zustände, geschaffen, um die Menschheit im Allgemeinen und jeden einzelnen Menschen insbesondere sittlich und materiell zu vervollkommnen und zur Erreichung der edelsten Ideale befähigt und tüchtig zu machen" das soll der Staat sein!

Was könnte ein Staat, nach dem collectivistischen Ideale aufgebaut, dem Menschen bieten? Der collectivistische Staatsbegriff enthält nichts von dem, was in ihm enthalten sein müßte, um ihn realisirbar zu machen. Vornehmlich aber fehlt ihm die Möglichkeit, die zwei größten Ziele zu erreichen, denen jeder Staat zustreben muß: Erhaltung und Steigerung der menschlichen Civilisation, Erhöhung des Glückes aller Menschen.

Und das muß ja doch am Ende das ausschließliche Ziel aller derer sein, die sich heute mit dem socialen Probleme befassen. Oder soll an die Stelle der unzufriedenen Mehrheit eine unzufriedene Minderheit gesetzt werden? Kann dieser Tausch die Lösung einer Frage bilden, an welcher die Culturarbeit von vielen tausend Jahren zu zerschellen droht? Darf man in Wirklichkeit daran denken, Bildung, Kunst, Wissen und Schönheit zu depossediren, um durch ein Experiment, das mehr Chancen des Mißlingens aufweist als Aussicht auf Erfolg, das Elend der Massen zu lindern?

Es kann die Aufgabe des Gelehrten nicht sein, in die Arena herabzusteigen und sich zum Wortführer des Proletariats zu machen. Zwar läuft heute jeder Gefahr, der Unwissenschaftlichkeit geziehen zu werden, der es wagt, den Standpunct der Civilisation im socialen Kampfe einzunehmen; aber wir wollen stets wieder zu der Behauptung zurückkehren: daß die Erhaltung und Erhöhung der gegenwärtigen Civilisationsstufe des Menschengeschlechtes bei gleichzeitiger Verbesserung des

Looses der besitzlosen Volksmassen die Gesammtheit aller socialen Fragen, die Quintessenz des Socialismus in sich fasse.

Nur wer die Menschen nicht liebt, kann den einen auf Kosten des anderen glücklich machen wollen. Oder willst du den Künstler zum Stückarbeiter erniedrigen, um den Lohn zehn anderer Stückarbeiter zu erhöhen? Willst bu den Gelehrten zum Abschreiber begrabiren, damit zehn andere Abschreiber besser leben können? Oder glaubst bu, der auf dem Principe des Collectivismus fußende Staat werde jungen Männern Stipendien bewilligen, um die Kunstschätze oder die archivalischen Geheimnisse Roms zu studiren? Werden vielleicht im Staate, der nach den Forderungen des Collectivismus eingerichtet ist, die offenen Köpfe die Majorität haben, oder nicht vielmehr die beschränkten? Werden die Idealisten, die an die göttliche Sendung des Menschengeschlechtes glauben oder die Verehrer der tristen Nützlichkeit das entscheidende Wort haben? Wer kann noch zweifeln daran, daß jeder über die strenge Grenze der Mittelmäßigkeit des practischen Lebens hinausstrebende Kopf durch ein strenges Urtheil der herrschenden Mehrheit in die Sphäre dieser Mittelmäßigkeit zurückverbannt würde oder untergehen müßte. Wie viele Galilei's würden mit knirschenden Zähnen ihr: „E pour si muove" zu flüstern haben, wenn sie die Mehrheit in den Staub gebeugt hätte!

Das logische Denken, geschult im strengen Dienste der Wissenschaft, hätte sich niemals dazu hergeben sollen, den socialistischen Idealstaat, wenn auch nur theoretisch, zu construiren. Es hat sich damit unbewußt zum Werkzeuge jener Zerstörer gemacht, die am wenigsten dazu geneigt wären, sich zu dienenden Gliedern im collectivistischen Gesammtstaate zu machen, sondern auf die Herrschaft rechnen, wenn sie nur einmal die bestehenden Gewalten zerstört haben würden, die mit Sicherheit annehmen, daß der Haß des Proletariates

gegen die besitzenden Classen endlich im Blute der Gegner Befriedigung suchen werde, und die allein die Verant=
wortung dafür zu tragen haben, daß das Evangelium der vorgeschritteneren Anhänger des Socialismus schon seit langem in ein einziges Wort sich zusammenfaßt, in das Wort: „Gewalt!"

Soll in diesem Hasse das Heilmittel liegen für die Uebel, an denen die Menschheit leidet? Wird er diese Uebel nicht noch vermehren, wird er die Qualen, die sie bereiten, nicht noch steigern? Wenn er sein Ziel erreichte, wenn er diese Welt in Trümmer schlüge, wenn er uns in den Urzustand zurückwerfen könnte, was wäre dann für die ungezählten Tausende gewonnen, die in ihm heute ihren Apostel verehren? Sie müßten sterben! Sie müßten umkommen wie die Thiere des Waldes, wenn ihnen eine festgefrorene Schneedecke den Zutritt zu den Nahrungsmitteln versagt. Wenn heute die ungeheure Maschinerie der menschlichen Civilisation und des Fortschritts außer Wirksamkeit gesetzt wird, wenn die Grenzen der Reiche sich abschließen, wenn der Austausch der Güter seinen Kreislauf endet, so ist die Grundlage verschwunden, auf welcher die große Vermehrung der Bevölkerung möglich war, und die Folgen eines solchen Zustandes kann auch die mit den Orgien der wüstesten Gräuel vertraute Phantasie sich nicht ausmalen. Darum mögen jene, die heute gegen die Organisation der Gesellschaft anstürmen, es bedenken, daß Gewalt kein Heilmittel für die Schäden dieser Gesellschaft ist, sondern daß sie nur eine ungeheuere Verschlimmerung des Elends und einen Zusammenbruch der menschlichen Civilisation bewirken kann.

Es müssen daher die Ursachen beseitigt werden, aus denen der Haß der Enterbten quillt, edle Gefühle müssen an Stelle dieser widerwärtigen Verirrungen in der Brust der Bedauerns=
werthen wieder aufkeimen, damit sie die Gefahr erkennen, die

sie sich selbst bereiten und das Streben nach dem Ziele einer Lösung dieses Problems nicht verhindern.

Mit Trost und Befriedigung können wir es sagen, daß heute alle Gebildeten und Einsichtsvollen dieses Ziel erstreben. Auch die Besitzenden erkennen es, daß die ihnen gewordenen Freuden ihnen nur bleiben werden, wenn sich der Ausgleich dieser ungeheueren Interessengegensätze vollzieht, die heute den ruhigen Bestand der menschlichen Gesellschaft erschüttern, daß der Fortschritt nur dann auch das Schlagwort der Zukunft bleiben wird, wenn es ihm gelingt, die Armuth zu vernichten.

Mit den Worten des berühmten englischen Schriftstellers Dickens möchte ich in einer Allegorie nochmals ein schauberhaftes Bild dieser Armuth Ihnen vor die Augen führen. Die Gedanken, die ihn bewegen, drückt Dickens aus in einem Gespräche zwischen einem Geiste, der die Humanität vertritt, und dem Geizhalse Scrooge.

„Vergieb mir meine Freiheit, wenn ich Dich frage," sagte Scrooge, das Gewand des Geistes angelegentlich betrachtend, „aber ich sehe etwas seltsames, das nicht zu Dir gehört, aus Deinen Schößen hervorragen. Ist es ein Fuß oder eine Klaue?"

„Um des Fleisches willen, das darauf ist, könnte es wohl eine Klaue sein," antwortete der Geist bekümmert. „Sieh her."

Er brachte nun aus den Falten seines Gewandes zwei Kinder zum Vorschein — zwei elende, häßliche, abgezehrte, armselige Kinder. Sie knieten zu seinen Füßen nieder und klammerten sich an den Mantel des Phantoms an.

„O Mensch, sieh her! Blicke auf diese herab!" rief der Geist.

Die Kinder waren ein Knabe und ein Mädchen — gelb, mager, zerlumpt, düster blickend und ausgehungert, aber zugleich demüthig niedergebückt. Statt daß die Anmuth der

Jugend ihr Antlitz ausgefüllt und sie mit ihren frischesten Farben behaucht hätte, waren sie von einer welken verschrumpften Hand gleich der des hohen Alters zusammengekniffen, verzerrt und in Lumpen gehüllt worden. Wo Engel hätten sitzen sollen auf dem Throne des Lebens, lauerten Teufel und starrten drohend aus großen Augen. Keine Veränderung, keine Herabwürdigung, keine Verkehrtheit des menschlichen Geschlechtes, in was immer für einem Grade und durch alle Geheimnisse seiner wunderbaren Schöpfung hindurch hatte nur halb so schreckliche Ungeheuer aufzuweisen.

Scrooge fuhr zurück und erblaßte. Nachdem sie ihm in dieser Weise zugewiesen waren, versuchte er zu sagen, sie seien schöne Kinder, aber die Worte erstickten sich selber in seiner Kehle, weil sie sich nicht bei einer so ungeheuerlichen Lüge betheiligen mochten.

„Geist, sind sie die Deinigen?"

Weiter konnte Scrooge nichts herausbringen.

„Sie gehören der Menschheit," sagte der Geist, auf sie niederblickend, „und klammern sich an mich, um gegen ihre Väter zu appelliren. Dieser Knabe ist der Mangel, dieses Mädchen die Unwissenheit. Hüte Dich vor diesen beiden und ihrer ganzen Sippschaft, namentlich aber vor diesem Mädchen, denn auf ihrer Stirne lese ich eine Schrift, die das Urtheil der Verdammung spricht, wenn sie nicht ausgetilgt wird. Verleugne sie immerhin!" rief der Geist, seine Hand gegen die Stadt ausstreckend. „Verleugne diejenigen, welche sie für eine Thatsache erkennen! Brauche sie zu Deinen aufwieglerischen Zwecken — mache sie noch schlimmer und harre des Endes!"

„Haben sie keinen Zufluchtsort — kein Unterkommen?" rief Scrooge.

„Giebt es keine Gefängnisse?" sprach der Geist, ihm zum letzten Male seine eigenen Worte entgegenhaltend. „Giebt es keine Werkhäuser?"

Die Glocke schlug Zwölf.

Scrooge blickte sich nach dem Geiste um und sah nichts mehr. —

Ziehen wir die Schlüsse aus den vernommenen Anklagen gegen die Wirksamkeit des mobilen Capitals: Daß das System der freien Concurrenz auf wirthschaftlichem Gebiete überall zum crassen Individualismus und zur Ausbeutung der Schwächeren durch die Stärkeren, zur Zersetzung des Staatsgedankens und der monarchischen Gewalt, zur Schädigung der Macht des Staates nach außen, zur Zerrüttung der Staatsfinanzen und zu ungerechtem Steuerdruck für den kleinen Besitz, fixe Bezüge, Löhne, überhaupt für die kleinen Eigenthume und Einkommen führt, während die großen Besitze und Vermögen fast frei davon kommen, ist eine auch von den Anhängern dieses Systems nicht mehr ernsthaft bestrittene Wahrnehmung. Wir sehen in der englischen Geschichte diese Thatsachen schon unter den Regierungen Georgs I., II. und III. sich vollziehen und haben an den Ereignissen jener Zeit lehrreiche Schemata für manche Geschehnisse, die heute auf dem Continente sich vor unseren Augen abspielen.

Aber die Anklage gegen dieses System, das dem Liberalismus entsprungen ist, als eine der mitwirkenden Ursachen jener widrigen Zustände, die heute als die Quellen der allgemeinen Unzufriedenheit unter den mittleren und arbeitenden Classen gelten, soll keineswegs darauf hinzielen, den Feudalismus oder Clericalismus in ein besseres Licht zu setzen. Die wirthschaftlichen Versündigungen dieser politischen Systeme wurden von 1789 bis 1848 vom Liberalismus an den Trägern derselben gerächt, und wenn auch das Jahr 1849 eine theilweise Contrerevolution versuchte, und die Reaction in den fünfziger Jahren nochmals Triumphe feierte, so ist doch die Zeit dieser Anschauungen und Principien für immer vorbei. Das Mittelalter ist vorüber, und kein Mensch vermag den Gang der menschlichen Entwickelung aufzuhalten; nur ein Tamerlan könnte Europa in eine neue Barbarei zurückwerfen, und dann wären Feudalismus und Clericalismus wieder berufen, noch einmal das Culturwerk zu verrichten, das sie schon einmal der Menschheit zum Heile verrichteten. Aber wenn der Fortschritt des Menschengeschlechtes gesichert bleibt, so ist ihre Zeit vorüber, und auch der Tag ihres Besiegers neigt sich seinem Abend zu; sein Abendroth ist aber das Morgenroth einer neuen Zeit, die unter heftigen Wehen geboren wird. Der ganze Organismus der Staaten erbebt unter den Zuckungen, und manches wird aus den Fugen gehen müssen, bevor das Kindlein das Licht der Welt erblicken kann.

Vielleicht ziemt es sich, in einem solchen Augenblicke der großen Dienste zu gedenken, die der Liberalismus der menschheitlichen Entwickelung geleistet hat; es ziemt sich, daran zu erinnern, daß er auch heute noch ein Bollwerk bildet gegen das Andringen der Reaction, die gerne den Völkern nochmals einen Maulkorb anlegen und die Leibeigenschaft wieder einführen würde, um die schönen Zeiten des Mittelalters wieder genießen zu können.

Resumiren wir: Der Fortschritt des Menschengeschlechtes auf dem geistigen wie auf dem materiellen Gebiete, von dem zu hoffen war, daß er die gesammte Menschheit auf eine höhere Civilisationsstufe heben werde, ja der diese Hoffnung bereits zu verwirklichen begann, der die Ständeunterschiede zerstörte, die Unfreiheit ganzer Menschenclassen aufhob, allgemeine Hungersnöthen durch die Erleichterung des Verkehrs verhinderte, die Productionskraft des Bodens ins Ungemessene steigerte, die Unterhaltsmittel der Menschen weit über das Bedürfniß vermehrte und noch immer vermehrt, hat auf einmal seine Wirkung auf die Förderung des allgemeinen Wohlstandes verloren. Die unteren Schichten der Bevölkerung, die sich aus den Höhlen der Noth und des Elends, aus den Sclavenfesseln der Rohheit, Gemeinheit, Erniedrigung und Entbehrung bereits zu einer freien Lebensführung, zu einem mäßigen Lebensgenusse erhoben, werden auf einmal wieder in das alte Elend zurückgeschleudert. Zwar die persönliche Freiheit wird ihnen rechtlich nicht neuerdings entzogen, aber durch den Mangel des Nöthigsten werden sie in eine sachliche Unfreiheit zurückgedrängt, die mit der früheren Sclaverei und Leibeigenschaft ohne weiteres zu vergleichen ist und vielfach schlimmere Eigenschaften nachweist als diese.

Wir haben vernommen, in welcher Weise das mobile Capital als Urheber dieser Leiden erscheint. Vernehmen wir nun, was ein Vertreter des mobilen Capitals und der Arbeit in diesem Streite gegen den Bodenbesitz vorzubringen hat.

Der Vertreter des mobilen Capitals beschuldigt den Grundbesitzer als den Vernichter des allgemeinen Wohlstandes, als den Harpagon, der sich aller Erfolge menschlichen Fortschrittes und menschlichen Fleißes bemächtigt.

Der Wortführer unter den Anklägern des Grundbesitzes als Verursacher des Uebels ist Henry George. Er kommt in seinen Untersuchungen zu dem Schlusse, daß der Privatbesitz an Grund und Boden das alleinige Uebel sei, an dem die moderne Menschheit kranke, und die Aufhebung des Grundbesitzes, das Zaubermittel, das mit einem Schlage die Träume der Menschheit von einem goldenen Zeitalter verwirklichen würde. Wäre diese theoretische Schlußfolgerung richtig, so müßte zweifellos der Grund und Bodenbesitz das wirksamste Mittel sein, sich zu bereichern. Es müßten an diesem Besitze ununterbrochen colossale Gewinne gemacht werden, wenn die riesigen technischen Fortschritte auch nur annähernd damit compensirt werden sollten. Aber jeder, der nur einigermaßen mit den wirklichen Verhältnissen vertraut ist, weiß, daß diese Annahme auch nicht im entferntesten mit der Wirklichkeit übereinstimmt. Im Gegentheile! Der Grundbesitz fällt ebenso wie die verschiedenen Repräsentativformen des mobilen Capitals aus einer Krise in die andere, und dies geschieht nicht nur erst jetzt, wo das amerikanische und indische Getreide mit den Bodenerzeugnissen Europas auf dem Weltmarkte concurriren, sondern solche Zustände werden uns auch schon aus früheren Jahrzehnten gemeldet, wo an eine solche Concurrenz auch nicht im entferntesten gedacht werden konnte. Dankt doch eine im Jahre 1858 erschienene wissenschaftliche Abhandlung des berühmten Nationalöconomen Robbertus über die Ursachen der Krisen einer solchen Krise ihre Entstehung.

Da also die Thatsachen, die unbestritten vor aller Augen liegen, mit den Schlußergebnissen der von Henry George gepflogenen Untersuchung nicht in Uebereinstimmung zu bringen sind, so ist wohl die Annahme gestattet, daß er sich auf dem mühevollen Wege wissenschaftlicher Forschung einmal auf eine falsche Prämisse gestützt habe und so von dem richtigen Pfade abgelenkt worden sei. Dies konnte um so leichter geschehen, als die vor seinen Augen in Amerika sich abspielenden Bodenspeculationen, an denen in der That colossale Vermögen gewonnen wurden, ihn leicht zu der Annahme verleiten konnten, daß diese ganz exceptionellen Zustände eine normale Phase des Entwickelungsganges der modernen Volkswirthschaft bezeichnen.

Aber seine Ausführungen sind nicht absolut falsch. Sie sind es nur darum, weil er lediglich im Privilegium des Bodenbesitzes die Ursache der allgemeinen Verarmung erblickt. Wir wollen daher seine Theorie in ihren Hauptumrissen hier näher betrachten.

In unvergleichlich schöner Weise schildert uns Henry George die Entstehung und das Anwachsen jenes Werthes, den man Grundrente zu nennen pflegt, und dessen Verbleiben im Privatbesitz nach seiner Ansicht die Wurzel alles Uebels darstellt. Ein Auswanderer kommt auf eine weite, unübersehbare Ebene, die mit allen Reizen der Naturschönheit, mit allem Zauber der Fruchtbarkeit, mit allen Bedingungen der Bewohnbarkeit ausgestattet ist. Nicht die Wahl, nicht das Auffinden eines besseren, vor allen anderen bevorzugten Platzes, sondern die Müdigkeit zwingt ihn, endlich an einer Stelle aufzuhalten. Dort schlägt er denn auch seinen Wohnsitz auf, rodet den Wald und baut sich eine Hütte. Und obgleich die Natur ihm alles bietet, was er zum Leben braucht, ist er doch unendlich arm mit Rücksicht auf jene Güter, welche die Civilisation dem Menschen zugänglich macht; denn er ist von den Productionsstätten menschlicher Arbeit weit entfernt, und er erduldet alle Leiden, welche die Einsamkeit dem Menschen auferlegt. Es vergeht eine Zeit und ein zweiter Ansiedler kommt. Und obgleich nun in der Qualität des Bodens und in allen übrigen Verhältnissen rücksichtlich der Bewohnbarkeit keine einzige Stelle der ganzen Ebene vor der anderen einen Vorzug hat, so giebt es jetzt doch schon auf derselben einen Ort, den der neue Ansiedler zweifellos wählen wird, das ist jene Stelle, wo er einen Nachbar findet. Er wird seine Hütte an der Grenze jenes Landes aufschlagen, das der erste Ansiedler für sich in Anspruch genommen hat. Die Besiedelung schreitet nun fort. Stets kommen neue Ansiedler, und jeder neue Ansiedler siedelt sich wieder an der Peripherie der früheren Niederlassungen an. Und schon hat sich mit dem Besitze des ersten Ansiedlers eine merkwürdige Aenderung vollzogen. Denn wenn ihm nun für seine Niederlassung jungfräulicher, unausgenützter Boden im gleichen Ausmaße an der Peripherie der Ansiedlung geboten und für die Gebäude, die er auf seiner Besitzung errichtet, für die Ameliorationen, die er durch= geführt hat, der volle Werth bewilligt würde, er würde den Bieter verlachen. Denn sein ausgenützter Boden, dessen Ernten nicht mehr besonders ergiebig sind, ist mehr werth geworden als jungfräuliches, unberührtes Ackerland. Schon hat sich jene Werthvermehrung gebildet, die man Rente nennt; und diese Werthvermehrung schreitet fort mit dem Wachsen der Ansieblung. Aus derselben wird eine große Stadt, ein Mittelpunct des Weltverkehrs, und der Besitz des ersten Ansiedlers liegt im Mittelpuncte dieses Mittelpunctes. Jetzt wird kein Weizen mehr auf diesen Schollen gebaut. Es erheben sich vielmehr hier die prächtigen Paläste der Regierung, der Banken, der Verkehrsunternehmungen; und trotz der scheinbaren Erträgnißlosigkeit dieses Grundes und Bodens ist sein factischer Ertrag nun vertausendfacht und der erste Besitzer ist Millionär geworden. Er ist es auch geworden, wenn er seit seiner Besitzergreifung dieses Fleckes Erde sich hingelegt und geschlafen und nichts für die Gesammtheit des Menschengeschlechtes gewirkt hat. Auch nicht den geringsten Theil dieser ungeheueren Werthsteigerung kann er als ein Aequivalent seines Verdienstes in Anspruch nehmen, und doch ist er der einzige und ausschließliche und unbestrittene Besitzer der ihm zugefallenen Schätze. Man kann nicht klarer als an diesem Beispiele erkennen, daß die Werthdifferenz zwischen Grund und Boden im Mittelpuncte des Verkehrs und jenem an der Grenze des Anbaues thatsächlich ein Werk des Zusammenwirkens aller Menschen und nicht ein Verdienst des Besitzers ist. George folgert aus seinem Beispiele, daß in dieser Werthsteigerung die Bezahlung für alle Erfindungen, Entdeckungen, für alle Mehrarbeit der Menschen über ihren Bedarf hinaus enthalten ist, und daß daher der Besitzer des Grundes und Bodens derjenige ist, der alle diese Folgen und Wirkungen des menschlichen Fortschrittes für sich confiscirt und es so verhindert, daß sie der gesammten Menschheit zu Gute kommen.

Es ist bei einigem Ueberlegen leicht, sich der fascinirenden Gewalt seiner Beweisführung zu entziehen, und manchem von meinen verehrten Zuhörern wird wohl, ohne daß ich sie darauf aufmerksam mache, die Bresche ersichtlich geworden sein, durch welche man in die Festung dieses kühnen und bewunderungswürdigen Geistes eindringen kann. Er stellt uns in dem Bodenbesitz die Wirkung eines Monopols dar, und zwar mit der Voraussetzung, daß dieses Monopol ohne jede Einschränkung und ohne jede Zusammenwirkung von und mit einem oder mehreren anderen Monopolen wirkte. Dies ist aber niemals der Fall gewesen und wird niemals der Fall sein. Denn wenn wir alle menschlichen Verhältnisse auf die Uranfänge zurückführen, — und das müssen wir, wenn wir das von George gegebene Beispiel vollkommen würdigen wollen —, so ist aller Besitz Monopol. Der Wagen, mit dem der Ansiedler die Ebene durchfuhr, die Pferde, die ihm als Zugthiere dienten, die Hacke, mit welcher er die Bäume fällte, der Pflug, mit welchem er den Boden ritzte, all dies sind Monopole des Besitzes, ebenso gewichtige, ebenso folgenreiche Monopole als der Besitz des Grundes und des Bodens. Sie alle wirken mit an dem großen Producte der Werthsteigerung, das sich vor unseren Augen vollzogen hat. Gleichwohl ist jenes Monopol des Bodenbesitzes das werthvollste unter allen Monopolen, welche durch das Privateigenthum begründet werden, und aus deren Begründung der ungeheuere Fortschritt entsprungen ist, der aus dem Fischer und Jäger und aus dem umherschweifenden Hirten den seßhaften Begründer einer Familie, eines Stammes, eines Volkes gemacht hat. „Ich will dich zum Volke machen", so lautet die Verheißung des Herrn, die sich in der Bibel stets wiederholt in den Gesprächen Gottes mit den Hirten der syrischen Ebene. Dieses Volkwerden kann sich nur vollziehen durch jenen Werbeproceß, den uns George so wunderbar schildert, und in dem er die Quellen aller Leiden zu erkennen glaubt.

Freilich, mit jener Beschränkung, die wir seinen Worten jetzt gegeben haben, trifft er einen Theil jener Quellen, aus denen die Ursachen des menschlichen Elends entspringen. Vielleicht gestatten Sie mir, jenes Beispiel anzuführen, mit welchem er die Richtigkeit seiner Anschauungen am kräftigsten zu erweisen sucht. Er sagt:

„Nehmen wir den Fall irgend eines Angehörigen dieser großen Massen unbeschäftigter Leute, dem, obgleich er nie von Malthus hörte, es heute scheint, daß zu viel Menschen in der Welt sind. In seinen eigenen Bedürfnissen, in den nothwendigsten Erfordernissen seines sorgenvollen Weibes, in den Bitten seiner kaum halb versorgten, vielleicht gar hungrigen und frierenden Kinder ist, der Himmel weiß es, Begehr genug nach Arbeit! In seinen eigenen willigen Händen ist das Angebot. Setzt man ihn auf eine einsame Insel, so vermögen seine beiden Hände, obgleich getrennt von allen den ungeheuren Vortheilen, welche das Zusammenwirken, die Vereinigung und die Maschinen eines civilisirten Landes der productiven Kraft des Menschen verleihen, die Münder derer, die auf sie angewiesen sind, zu füllen und ihre Rücken warm zu halten. Wo hingegen die productive Kraft ihren Höhepunct erreicht, da ist er nicht im Stande dazu. Warum? Ist der Grund nicht der, daß er in dem einen Falle zu den Stoffen und Kräften der Natur Zutritt hat und ihm in dem andern dieser Zutritt versagt ist?"

Man kann nicht leugnen, daß dieses Beispiel gut gewählt ist; und doch leidet es an demselben Fehler, an welchem die ganze Deduction leidet; denn um es völlig stimmen zu lassen, müßten wir diesen Mann auch aller anderen Hülfsmittel entkleiden, die ihm die Gesammtheit gegeben hat, und dann erst wäre die Probe auf die Richtigkeit der gegebenen Nutzanwendung zu machen. Aber wir wollen hiervon absehen und annehmen, George hätte unbedingt Recht. Wie denkt er sich nun die Lösung des Problems auf Grund seiner Deductionen? Er meint, es würde genügen, wenn die Gesammtheit die

Werthsteigerung des Grundbesitzes, die Grundrente confisciren würde, wenn also der Staat die Rente in Form einer Steuer einziehen und sie hierdurch zur Vertheilung an die Gesammt= heit bringen würde. Jetzt ist mindestens uns Oesterreichern schon klarer, daß ihm bei seinen Deductionen eine falsche Prämisse unterlaufen sein müsse, denn ich glaube, im Großen und Ganzen ist der Reformvorschlag des Henry George bei uns bereits zur Durchführung gelangt. Ich bitte, das nicht als Scherz zu betrachten. Die Ideen, welche ich Ihnen dargelegt habe, fanden in Amerika und England wohlwollende Beurtheilung und in England steht der Vorschlag in ernster Discussion, zur theilweisen Durchführung dieser Reform das österreichische Grund= und Gebäudesteuer=System zur Ein= führung zu bringen. Wir wissen freilich, daß hiermit nicht viel gewonnen ist; gleichwohl dürfen wir die scheinbar zwin= gende Gewalt in den Ausführungen Henry George's nicht unterschätzen.

Es ist ein erklärlicher Irrthum, Wirkung und Ursache zu verwechseln. Die Grundrente giebt denen, die sie besitzen, eine große Macht, das ist kein Zweifel, aber es wäre Irrthum, darum die Grundrente als die einzige Quelle der Macht an= zusehen. Wir müssen daher der Betrachtung der Grundrente einige Augenblicke widmen. Nach der allgemein bekannten Theorie der Grundrente ist Rente nur jener Theil des Er= trages, der dem Eigenthümer des Bodens zufließt nach Be= zahlung des Capitalzinses und Entlohnung der Arbeit „als Differenz des Werthes von Erzeugnissen, die man durch die Benutzung zweier gleicher Quanta von Arbeit und Capital er= halten hat." Daraus ginge hervor, daß es Grundstücke gäbe, die keine Rente abwerfen, ferner daß die Rente von Null bis zur unbestimmten Höhe steigen könnte nach der steigenden Productionskraft des Bodens, daß ferner der Preis des Productes durch die Rente nicht alterirt würde. Es geht daraus aber auch hervor, daß dies Gesetz wirksam sein muß auf allen Gebieten menschlicher Arbeit, daß auf alle diese die gleichen Folgerungen Anwendung finden. — Aus dieser allgemeinen Gültigkeit dieses Gesetzes ergiebt sich aber, daß es nicht beweist: 1) daß der Besitz an Grund und Boden kein Privilegium bilde, 2) daß es nicht beweist, die auf Grund und Boden verwendete Arbeit ergäbe nicht unter allen Umständen einen Mehrwerth, für den sie nichts geleistet habe, 3) von den Besitzern des Grundes und Bodens werde dieser Mehrwerth nicht unter allen Umständen eingefordert und so der Preis des Productes erhöht. — Die Frage, um die sich der Streit dreht, scheint daher durch die Theorie Ricardo's, die als allgemein gültiges Gesetz anzuerkennen ist, gar nicht berührt. Durch dieses Gesetz wird jede Rentenform erklärt: Der Wucher auf dem Geldmarkte ebenso wie auf dem Waarenmarkte, kurzum jeder Mehrertrag über Lohn und Zins; es wird aber nicht festgestellt, ob der Ertrag des mindestwerthigen Grundstückes, welcher die Rente bestimmt, nicht doch schon Rente enthalte. — Wir können dies sogar als bestimmte Thatsache behaupten! Der Grund, der hierfür spricht, ist folgender. Das Eigenthum an Grund und Boden ist das Resultat von Arbeit (auch im Falle der Occupation), welche durch Anhäufung Capital geworden ist. Dieses Capital, das im Eigenthumsrechte schlechtweg, ohne Rücksicht auf die Kosten der Urbarmachung, Meliorationen, Baulichkeiten u. s. w. vorhanden ist, muß verzinst werden. Die Pacht ist dann nichts anderes als der Zins für das in Form von Grund und Boden dargeliehene Capital. Der Werth von Grund und Boden steigt und fällt nach der Höhe des Erträgnisses, also nach dem Steigen und Fallen der Rente. — Diese kommt nie der Arbeit zu gute — stets nur dem Besitzer. Die verschiedene Bewerthung von Grund und Boden findet aber schon bei der ersten Vertheilung statt. Der Besitzer eines besseren Grundstückes mit höherem Erträgnisse hat daher für die Erwerbung einen höheren Gegenwerth an Arbeit geleistet. Die Frage ist dann nur, ob der Besitz überhaupt verjährbar sei oder nicht, ob man durch Verjährung des Besitzrechtes expropriirt werden kann. — Für den Kauf und Verkauf von Grundstücken gelten gleichfalls dieselben Grundsätze. Der Käufer muß die höhere Ertragsfähigkeit des Bodens bezahlen, so daß der Reinerertrag, zum landesüblichen Zinsfuße capitalisirt, den Kaufpreis eines Grundstückes darstellt. Dieses Princip liegt jeder Bodenbewerthung zu Grunde, auch bei Darlehen, und beweist die Richtigkeit der aufgestellten Behauptung. Nun ist ohne Weiteres zuzugeben, daß Grund und Boden nie Capital sein kann so wenig, als Wasser, Luft, Sonnenschein, Diamantfelder, Goldbergwerke u. s. w. Es könnte ja morgen ein Meteorit von tausend Centnern aus purem Golde zur Erde fallen und wäre doch nicht Capital, — nicht einmal für den Staat, so lange das Eigenthumsrecht nicht reclamirt würde. Capital kann weder die Wasserkraft sein, noch die Electricität, noch irgend eine Naturkraft — aber das Besitzrecht an eine solche Naturkraft ist Capital. Wir wollen ein Beispiel nehmen. Eine goldführende Quarzader wird von einem Bergsteiger entdeckt. Was thut er? Er wendet Zeit und Mühe (Arbeit), Geld (Capital) auf, das Schurfrecht zu behalten! Dieses Schurfrecht ist Capital. Es ist gerade so viel werth, als er an Arbeit und Capital darauf gewendet hat plus der Gewinnsthoffnung für diese Auslagen. Selbst diese Gewinnsthoffnung basirt aber auf menschlicher Arbeit. Er verkauft das Schurfrecht nicht. Die Schürfungen finden statt; die Erzgänge werden aufgeschlossen. Das Recht ist jetzt wieder um so viel mehr werth, als mehr Arbeit und Capital darauf gewendet wurde, die Gewinnsthoffnung dazugerechnet. Die Gewinnsthoffnung ist aber wieder nichts anderes als die escomptirte Rente. Der Käufer bezahlt daher alles, was überhaupt zu erzielen ist, und es wäre ein Unrecht zu sagen, daß dies also erworbene Besitzrecht auf das Bergwerk nicht Capital sei. Aus dem gleichen Grunde ist aber das Recht zum Bebauen des Bodens (Besitzrecht) Capital. Wir können ja menschliche Arbeit nicht in eine Reihe mit den Naturkräften stellen. Wie darf der Mensch, diese Pygmäe, sich in eine Linie stellen mit der fruchtbringenden Erde, dem strahlenden Lichte der Sonne, dem Toben des Sturms — wie darf er sich einbilden, daß er ein ebenbürtiges Glied sei diesen Factoren gegenüber, die er schlechthin Grund und Boden oder Natur nennt? Er will sich vermessen zu sagen, daß Arbeit und Capital (seine Werke) mit diesen Giganten sich in alles Werdende theilen?

Nichts destoweniger ist die Behauptung, daß der Grundeigenthümer eine exceptionelle Stellung inne habe und Rente beziehe ohne jede Leistung, nicht vollkommen unrichtig. Aber die Stellung des Grundeigenthümers ist nicht wesentlich verschieden von derjenigen eines Capitalisten, der sein Vermögen in Staatspapieren anlegt und die Coupons eincassirt, — ja er ist ungünstiger daran; während letzterer zumeist steuerfrei bleibt, ist er nach dem Rentenwerthe seines Grundstückes besteuert. Die Grundsteuer fußt gegenwärtig in Oesterreich ganz auf dem Principe der variablen Grundrente. Daß hierbei auf das ohne Hinzuthun erfolgende Steigen der Grundrente Rücksicht genommen wird, beweist die in Oesterreich durchgeführte Grundsteuerreform. — Uebrigens steigt die Rente eines jeden Capitalisten. Wenn z. B. der Zinsfuß in den letzten drei Jahren sich in Europa ermäßigt hat, so ist die Rente der Fondsbesitzer gestiegen — Beweis der steigende Courswerth aller Rentenpapiere. — Das gleiche drückt sich beim Steigen der Grundrente im steigenden Bodenwerthe aus. Grund und Boden ist nur eine Form der Naturkräfte; — alle menschliche Arbeit steht — wo immer — im selben Verhältnisse zu denselben wie beim Landbaue. In gewissen Beziehungen ist [dies klar: z. B. Electricität, Dampf, comprimirte Luft, Wind (Windmühlen), Wasserkraft als Maschinenmotoren sind doch dasselbe wie der Acker des Bauers, die Grube des Bergwerksbesitzers. Aber auch alles andere Thun der Menschen nützt Naturkräfte aus. Der Schlag des Hammers, der Meißel beim Steinmetz, das Schiffchen des Webers u. f. w., der Unterschied ist nur der, daß Rohproduct und Fabricat als Ergebnisse sich gegenüberstehen, ein Unterschied, nicht gar so groß — wenn man z. B. überlegt, daß man ohne Getreide sicher verhungern, ohne Kleider aber sicher erfrieren müßte. Wir wollen daher nochmals scharf betonen: Das Besitzrecht ist Capital für sich und nicht zu verquicken mit den Kosten der Urbarmachung, der Meliorationen u. f. w. Das Schurfrecht z. B. hat den Werth der Entdeckungsarbeit + Gewinnsthoffnung: beide zusammen entsprechen dem Besitzrechte. Urbarmachen wäre dann adäquat den Schürfungsarbeiten u. f. w. Das Capital ist daher zuerst Rentner für das Besitzrecht und dann Zinsengenießer für die Urbarmachung, die Meliorationen und Investitionen; eventuell bei Pacht können diese zwei Formen des Capitals durch Eigenthümer und Pächter repräsentirt sein, dann ist aber der Pächter Zinsengenießer und Lohnbezieher. Es geschieht nicht selten, daß noch nicht urbar gemachte Grundstücke gepachtet werden — in der Stadt werden wüste Plätze als Bauplätze verkauft — immer wird sich aber dieses Gesetz der Ertragstheilung verfolgen flassen. Aus diesem Grunde ist bezüglich Entstehung der Rente als mitwirkender Factor die Höhe des Arbeitslohnes zu betrachten. Z. B. in einer Gegend ohne Industrie ist der Pachtschilling für Prima=Grundstücke gering, zum mindesten ganz von den Getreidepreisen abhängig — in einer Gegend mit schlecht bezahlten Industriearbeitern steigt der Pachtschilling bei Verschlechterung der Löhne. Das Erträgniß theilt sich:

$$\text{Ertrag} = \frac{\text{Rente} + \text{Zins}}{\text{Pacht}} + \text{Lohn}: \text{Pacht} > \text{Lohn}.$$ Je kleiner

der Lohn wird, desto höhere Pacht kann der Arbeiter innerhalb der Grenzen des Erträgnisses bezahlen. Die Rente steigt also mit Rücksicht auf zwei Factoren: 1. Steigen der Getreidepreise, 2. Sinken der Arbeitslöhne. Gilt jedoch das Rentengesetz für alle bestehenden Besitzprivilegien, so verallgemeinern sich diese Bedingungen und lauten: 1. Preissteigerung der Producte, 2. Sinken der Löhne. Das Steigen der Rente ist nur eine Folge dieser Factoren, niemals die Ursache. Die Bodenrente beim Ackerbau entspricht den Zinsen (Dividende) des Anlagecapitales bei allen Industrien. Unter Anlagecapital ist niemals Betriebscapital zu subsummiren. Das Anlagecapital einer Fabrik wird repräsentirt durch die Bauten und Maschinen; das Betriebscapital durch die Preise der Rohstoffe, die zur Verarbeitung gelangen und alle Betriebskosten. Schon Thünen, der Begründer der heute giltigen Form der Rententheorie Ricardo's, gelangt zu der gleichen Folgerung, „daß die Lohnsteigerung die Rente herabdrückt." Er begründet den Einwand ganz logisch, daß eine Lohnänderung nur den Capitalgewinn beeinflussen kann, nicht die Rente, „die nicht durch Verwendung von Arbeit und Capital, sondern durch den zufälligen Vorzug in der Lage des Gutes oder der Beschaffenheit des Bodens entstanden ist." Es ist dies ein Beweis für die Unzulässigkeit der Beschränkung der Rentenerklärung auf Grund und Boden. Bei Festhalten des Standpunctes, daß die sogenannte Bodenrente Verzinsung des durch das Besitzrecht repräsentirten Capitalwerthes ist, ergiebt sich aber die Richtigkeit der obigen Folgerung.

Wir haben nun die Anklagen gegen das Capital und gegen den Bodenbesitz gehört und haben die Wirksamkeit der einen wie der anderen Besitzform gesehen. In welcher Weise können aber Elemente, auf denen die Culturanfänge des Menschengeschlechtes ruhen, so culturzerstörend wirken, wie es heute der Fall ist? Eine Antwort auf diese Frage finden wir in einem uralten Documente, vor dem wir uns in Ehrfurcht beugen. Dieses Document steht in der Bibel in den Büchern des Moses in der Erzählung vom ägyptischen Joseph und in der Schilderung der siebenjährigen Hungerperiode. Es stellt uns Verhältnisse dar, die sich im dritten Jahrtausende vor Christi Geburt abgespielt haben, und indem wir es lesen, überschauen wir einen Zeitraum menschlicher Culturarbeit von mehr als viertausend Jahren. Es lautet: „Es war aber kein Brod in allen Landen: denn die Theuerung war fast schwer, daß das Land Aegypten und Canaan verschmachteten vor der Theuerung. Und Josef brachte alles Geld zusammen, das in Aegypten und Canaan gefunden ward, um das Getreide, das sie kauften; und Josef that alles Geld in das Haus Pharaos. Da nun Geld gebrach im Lande Aegypten und Canaan, kamen alle Aegypter zu Josef und sprachen: Schaffe uns Brod; warum lassest du uns vor dir sterben, darum, daß wir ohne Geld sind? Josef sprach: Schaffet euer Vieh her, so will ich euch um das Vieh geben, da ihr ohne Geld seid. Da brachten sie Josef ihr Vieh, und er gab ihnen Brod um ihre Pferde, Schafe, Rinder und Esel. Also ernährte er sie mit Brod das Jahr um alles ihr Vieh. Da das Jahr um war, kamen sie zu ihm im anderen Jahr und sprachen zu ihm: Wir wollen unserm Herrn nicht verbergen, daß nicht allein das Geld, sondern auch alles Vieh dahin ist zu unserm Herrn; und ist nichts mehr übrig vor unserm Herrn, denn nur unsere Leiber und unser Feld. Warum lässest du uns vor dir sterben und unser Feld? Kaufe uns und unser Land um's Brod, daß wir und unser Land leibeigen seien dem Pharao; gieb uns Samen, daß wir leben und nicht sterben und das Feld nicht verwüste. Also kaufte Josef dem Pharao das ganze Aegypten. Denn die Aegypter verkauften ein jeglicher seinen Acker, denn die Theuerung war zu stark über sie. Und ward also das Land Pharao eigen. Und er theilte das Volk aus in die Städte, von einem Ort Aegyptens bis ans andere, ausgenommen der Priester Feld, das kaufte er nicht; denn es war von Pharao für die Priester verordnet, daß sie sich nähren sollten von dem Benannten, das er ihnen gegeben hatte; darum durften sie ihr Feld nicht verkaufen. Da sprach Josef zu dem Volke: Siehe ich habe heute gekauft euch und euer Feld dem Pharao; siehe, da habt ihr Samen und besäet das Feld. Und von dem Getreide sollt ihr den fünften Pharao geben; vier Theile sollen euer sein, zu besäen das Feld, zu eurer Speise, und für euer Haus und Kinder. Sie sprachen: Laß uns nur leben, und Gnade vor dir, unserm Herrn, finden; wir wollen gerne Pharao leibeigen sein. Also machte ihnen Josef ein Gesetz bis auf diesen Tag über der Aegypter Feld, den fünften Pharao zu geben; ausgenommen der Priester Feld, das ward nicht eigen Pharao."

Dieses uralte Document gestattet einen tiefen Blick in den Mechanismus des Räderwerks unserer modernen socialen Ordnung. Erst als Pharao sich des mobilen Capitals bemächtigt hatte, nahm er auch Grund und Boden zu eigen, und seine Unterthanen wurden seine Sclaven. Freilich kommen an der Hand dieses Documentes die Worte, mit welchen George einen Theil seiner Ausführungen schließt, zur tiefsten Wirkung: „Diese Erde ist ein wohlverproviantirtes Schiff, auf dem wir durch den Raum dahinsegeln. Scheint das Brod und Fleisch auf den Zwischendecken rar zu werden, so öffnen wir nur eine Luke, und neue Vorräthe kommen ans Tageslicht, von denen wir uns vorher nichts träumen ließen. Und große Gewalt über die Dienste anderer ist denen gegeben, die nach Oeffnung der Luken sagen dürfen: „Alles dies ist mein!"

Die einfache Erzählung vom aegyptischen Josef hat uns gezeigt, mit welchen Mitteln es möglich wird, zu dieser großen Gewalt zu gelangen. Ziehen wir den letzten

Schluß aus der von uns aufgestellten logischen Reihe, so müssen wir erkennen, daß die Quelle der Leiden in der schrankenlosen Willkür liegt, mit welcher Privilegien des Besitzes geschaffen werden, die der Idee der menschlichen Freiheit widersprechen. Es wurde die Gewalt der persönlichen Herrschaft und die Folgen der persönlichen Unterthänigkeit gebrochen, und die Menschheit jubelte, denn sie war frei. Aber die Macht hat eine andere Form der Knechtung gefunden in den Privilegien des Besitzes. Die Mittel der ägyptischen Pharaonen, sie haben auch in unserer Zeit ihre Wirkung nicht versagt.

Doch eines ist zu bedenken. Wo sind die Pharaonen? Ihre Macht ist dahin, ihre Mumien werden aus den Gräbern geholt, und ohne Ehrfurcht rühren die Finger geschäftskundiger Leute an die Reste von Leibern, die einst die Macht hatten, den bloßen Blick eines profanen Auges mit dem Tode zu bestrafen. An der Schaffung der Knechtschaft ist das Pharaonenreich zu Grunde gegangen und nach ihm die Culturreiche des Orients und des Westens, und auch unsere Cultur wird daran zu Grunde gehen, wenn das Problem keine Lösung findet.

Und nun der Schluß: Es giebt kein Naturgesetz der Armuth — und doch giebt es auch kein Heilmittel für die Leiden, die aus der Armuth entspringen? Ist der Eintritt eines Menschen in dieses Dasein ein Fluch? Ist diese Welt nichts anderes als ein großes Beinhaus, ein gedeckter Tisch für Geier und Hyänen, ein Tummelplatz wüster Leidenschaften, der Traum eines schlafenden Teufels? — Indem ich nach einer Antwort auf diese bitteren Fragen eines verzweifelnden Herzens suche, führt mich meine Erinnerung zurück in die traumhafte Zeit meiner ersten Kinderjahre. Ich stehe wieder neben einem sausenden Webstuhle und neben einer schnurrenden Spindel, die emsig sich dreht, während beim Scheine einer kleinen Lampe Vater und Mutter die Nächte durch arbeiten;

ich höre wieder schwere unverstandene Seufzer, die meinen Kindestraum durchtönten, wenn ich zu den Füßen der Mutter entschlummerte. Und dann bringt mir Erinnerung auch fremdes Leid: ich sehe das bleiche Gesicht eines verkrüppelten Webers, der neben dem Leichname seines Weibes, das am Hungertyphus gestorben ist, das letzte Stück fertigwebt und sich dann hinlegt, um gleichfalls zu sterben, und ich sehe die Kinder an den Leichen der Eltern hängen und wimmern. Und die Frage, die sich den Kindeslippen entrang, diese Frage tönt fort im Geiste des Jünglings und des Mannes: Muß es denn so sein? Sie klingt wieder, wenn ich die Schriften der Gelehrten über die Noth des Volkes lese. Immer höre ich den sausenden Webstuhl und die schnurrende Spindel und die Seufzer, die mich einst in den Schlaf gelullt. Und aus ihnen heraus klingt es erst leise und dann mit mächtigem Schalle wie ein Schwur des Schöpfers, der das Universum zusammengefügt, diesen Erdball geschaffen und den Halm aufsprießen läßt, daß es nicht immer so sein werde. Aber die bessere Zeit kann nicht von außen über uns kommen, sie muß in den Herzen der Menschen geboren werden. Das Symbol dieser besseren Zeit aber faßt sich zusammen in das Wort Pflicht.

Es wirke jeder nach seiner Pflicht, der Große, Mächtige ebensowohl als der Kleine und Kleinste. Das Wort sei aber kein leerer Schall, sondern ein heiliges Gesetz, und verrucht sei die Hand, die sich dagegen versündigt. Wenn keiner die Pflichten gegen die Gesammtheit verletzt, so wird keiner aus dieser Gesammtheit leiden. Die Menschheit gleicht einer Reihe von Elfenbeinkugeln: schlägst Du an das eine Ende der Reihe, so wird eine Kugel am andern Ende abspringen. Die anderen bleiben unbewegt, aber alle haben sie den Stoß verspürt, und die schwächste von ihnen ist ihm erlegen. Jedes Unrecht, das begangen wird, hat ein Unglück zur Folge, gleichviel, ob es ein Großer ist, der gegen die Gesammtheit der Menschen sündigt, oder ein Kleiner. Darum sehe jeder, daß seine Brust ein Tempel sei, in welchem das Bewußtsein gethaner Pflicht auf goldenem Throne sitzt. In sich trägt der Mensch die Kraft, diese Welt zum Himmel oder zur Hölle zu machen. In sich trägt jeder auch das Schicksal des Menschengeschlechtes. Die Guten kämpfen den Kampf mit den Bösen. Wer die Zahl der Guten vermehrt, wird den Kampf abkürzen und den Sieg beschleunigen. Wer die Bösen stärkt, wird das Strafgericht beschleunigen. Aus allen Religionen der indogermanischen Völker klingt uns dieses Bekenntniß entgegen, in allen liegt aber auch die frohe Verheißung auf den Sieg des Guten gegen das Böse. So wollen auch wir hoffen, daß die Träume der Väter von einem tausendjährigen Reiche des Friedens sich bewähren mögen.

Der Kampf gegen die Armuth.

Es giebt kein Naturgesetz der Armuth und trotzdem vermochte der ununterbrochen sich vollziehende Fortschritt des Menschengeschlechtes die Armuth nicht aus den Reihen der Menschen zu verbannen. Aber die Menschen haben die Hände nicht müßig und nicht muthlos in den Schoß gelegt, sondern sie haben den Kampf gegen die Armuth mit geistigen und materiellen Mitteln aufgenommen, und wir haben gesehen, nachdem wir zuerst den Umfang des Uebels festgestellt hatten, welche Ideen diesem Kampfe der menschlichen Gesellschaft gegen die Armuth zu Grunde liegen. Es muß nun, bevor wir auf die Darstellung der Art und Weise eingehen, wie diese Ideen zur Verwirklichung gebracht werden sollen, hervorgehoben werden, daß der Standpunct der Kämpfenden und das Ziel, das sie verfolgen, obgleich das Schlagwort, unter dem sie kämpfen, identisch ist, keineswegs immer dieselben sind. Das Proletariat, besser gesagt, der vierte Stand, sucht dem Uebel dadurch beizukommen, daß er sich in den Besitz der Güter setzen möchte, die sich heute in den Händen der Besitzenden befinden, und diese möchten ihren Besitz unter allen Umständen behaupten, dagegen aber Mittel finden, durch eine Befriedigung der gerechten Forderungen des Proletariats den derzeitigen Culturzustand mit allen seinen Annehmlichkeiten, mit seiner Fortentwickelungsfähigkeit und mit seiner vielversprechenden künftigen Ausgestaltungsfähigkeit nicht zu gefährden. Wir sehen also, von welcher Seite immer wir dem von uns behandelten Probleme des Pauperismus beizukommen suchen, daß sich stets als erste Beobachtung der ungeheure Interessengegensatz aufdrängt, der zwischen den Repräsentanten des vierten Standes und den bevorrechteten Schichten der Bevölkerung sich gebildet hat. Es darf dabei betont werden, daß die Schärfe dieses Gegensatzes nicht jedem zum Bewußtsein kommt, der an diesem Kampfe mittelbar oder unmittelbar betheiligt ist. Es giebt genug glückliche Menschenkinder, die ferne von den finstern Fragen des Tages in heiterer Sorglosigkeit die Früchte vergangenen Fleißes oder väterlicher Arbeit genießen und die Wolken nicht sehen, die sich über dem Horizonte zusammenziehen und auch ihr Glück bedrohen, und es giebt genug Schmerzenskinder des Schicksals, die in dumpfer Gleichgültigkeit die Bürde des Lebens tragen, ohne zu murren, daß ihnen so Schweres aufgebürdet wurde. Aber nicht diese Stillen, die achtlos nehmen, was das Schicksal ihnen bestimmte, sind maßgebend für den Entwickelungsgang der Dinge. Und wie Wenige sind es auch im Vergleiche zu der großen Masse derer, die im Begriffe sind, die Bataillone zu formiren für den Entscheidungskampf. Diese gehorchen hierdurch dem Gesetze, das die schaffende Natur jedem organischen Wesen als Erbschaft des Seins mitgegeben hat für die Zeit seines Bestehens. Wohin wir auch blicken mögen, sehen wir ein Ringen um den besseren Platz: die Zweige streiten mit den Zweigen um den größeren Lichtstrahl, die Gräser neiden sich den Raum, und der Halm hebt sein Haupt über den Halm, um ihn zu unterdrücken. Was in dem bewußtlosen Theile der organischen Welt zu sehen ist, läßt sich mit leichter Mühe auch bei den mit Bewußtsein begabten Wesen verfolgen, und der Mensch bringt diesen Wettbewerb in seiner kräftigsten und mitunter auch in seiner grausamsten Form zur Anschauung. Ein Blick auf die geschichtliche Entwickelung der politischen und socialen Ordnungen zeigt uns bei allen Völkern stets den gleichen Proceß, der sich mit wenigen Worten darstellen läßt: Die Menschheit drängt stets zur erweiterten Zahl. Gegenüber den bevorrechteten Classen (Priester und Krieger) bildet sich ein dritter Stand, der darnach strebt, eine gleiche Bevorrechtung zu erlangen, wie sie die beiden anderen Stände schon genießen. Er setzt diese Bestrebungen durch — gewöhnlich mit Gewalt, mit Hilfe der Revolution. Es folgt dann eine Periode des Glückes. Aber die nachkommenden Geschlechter vermehren sich stärker, als es der Raum der neuen Ordnungen gestattet. Innerhalb desselben wird es zu enge, und die Menge muß außerhalb des Ringes stehen, der die Bevorrechteten einschließt; es entsteht wieder ein dritter Stand, der dann wohl auch vierter heißt, und alles vollzieht sich wie früher. Das scheint ein Kreislauf, ist aber keiner. Es ist die Erweiterung der Basis, auf welcher sich die Menschheit entwickelt. Aus dieser geschichtlichen Abstraction der Entwickelung des Menschengeschlechtes haben die Pessimisten den Beweis abzuleiten versucht, daß diese Welt den Menschen niemals wirkliches Glück gewähren könne. Daraus ist jene Richtung des Denkens entstanden, die im Malthus'schen Gesetz der Bevölkerungszunahme ihren schärfsten Ausdruck gefunden hat. Aber es giebt kein Naturgesetz der Armuth, und die Folgerung, daß die allzustarke Vermehrung des Menschengeschlechtes die Ursache der Armuth sei, ist völlig hinfällig. Es würde auch wenig nützen, wenn die besitzenden Classen sich mit der allerdings bequemen Schlußfolgerung bescheiden wollten, daß die Sache nun einmal nicht zu ändern sei; denn es wird immer unruhige Köpfe geben, die über die Ursachen der Erscheinungen nachdenken und die den stummen Stiefkindern des Glückes ihre Zunge leihen als Ankläger, Vertheidiger und Führer. Und man müßte eine geringe Meinung von der Güte der Menschennatur haben, wollte man daran zweifeln, daß in der Brust eines jeden

Menschen der Dämon des Sokrates walte, den wir Gewissen nennen, der auch zu jenem Unrechte nicht schweigt, das wir mittelbar an der menschlichen Gesellschaft begehen, indem wir von Vorrechten Gebrauch machen, zu deren Erlangung wir kein Document persönlichen Verdienstes beizubringen vermögen. Dieser Dämon ist es, der den Unterdrückten stets Apostel wirbt, die ihr Evangelium predigen, und dieser Dämon ist es, der solchen Aposteln Gläubige zuführt aus den Reihen derer, die sie bekämpfen. Der große Nationalöconom Marlo beginnt die Vorrede zu seinem bisher unübertroffenen Buche mit folgender Bemerkung: „Im Jahre 1843 bereiste ich das nördliche Europa. Mit der Bearbeitung eines technologischen Werkes beschäftigt, besuchte ich unter anderen Fabriken auch das bekannte norwegische Blaufarbenwerk von Modum, dessen reizende Lage mich für einige Tage fesselte. Als ich eines Morgens von einem Hügel die mit den schönsten Alpenländern wetteifernde Gegend überschaute, trat ein deutscher Arbeiter — den Landsmann in mir erkennend — mit der Bitte zu mir, ihm einige Aufträge in die Heimath zu besorgen. Durch meine Bereitwilligkeit beredt gemacht, entwarf er mir eine ergreifende Schilderung seiner Erlebnisse und der Dürftigkeit, in welcher er sammt seinen Genossen schmachtete. Worin liegt der Grund, fragte ich mich, daß das vor meinen Augen ausgebreitete Paradies so viel Elend birgt? Ist die Natur die Quelle dieser Leiden oder ist es der Mensch, der sie verschuldet? — Ich hatte von jeher, wie so viele Naturforscher, meine Blicke in den Werkstätten der Industrie nur auf Oefen und Maschinen, nicht auf Menschen, nur auf die Producte des menschlichen Fleißes, nicht auf die Producenten gerichtet und war deshalb völlig fremd in dem großen Reiche des Elends, welches die Grundlage unserer geschminkten Civilisation bildet. Die überzeugenden Worte des Arbeiters ließen mich die Nichtigkeit meiner wissenschaftlichen Be=

strebungen in ihrem ganzen Umfange fühlen, und in wenigen Augenblicken war der Entschluß in mir gereift, die Leiden unseres Geschlechts, deren Ursachen und Heilmittel zu ergründen. Durch mehrjährige, mit der größten Gewissenhaftigkeit angestellte Forschungen fand ich den Umfang dieser Leiden, mit deren Ermittelung ich begann, über alle Erwartung groß. Ueberall begegnete ich der Armuth: bei Unternehmern wie bei Arbeitern, bei auf der höchsten und auf der niedrigsten Stufe industrieller Bildung stehenden Völkern; in den Brennpuncten des Luxus, in den Haupt- und Handelsstädten wie in den Hütten der Dorfbewohner, in den gesegneten Ebenen Belgiens und der Lombardei, wie in dem unfruchtbaren Gebirgsland Scandinaviens. Ich fand, daß die Ursachen derselben nicht in der Natur, sondern in unseren auf falschen öconomischen Grundlagen beruhenden Institutionen liegen und schloß daraus, daß das einzig mögliche Heilmittel in der Verbesserung der letzteren liege. Ich gewann die Ueberzeugung, daß bei dem gegenwärtigen Umfange der Production die Ausrottung der Armuth geradezu unmöglich sei; daß alle Vervollkommnungen der Technik, wie groß sie auch sein mögen, niemals zur Verbreitung allgemeinen Wohlstandes führen könnten." Der Weg, den wir in unseren bisherigen Betrachtungen zurückgelegt haben, hat uns zu dem gleichen Resultate geführt. Aber wir haben auch gesehen, wie groß die Zahl derer ist, die entschlossen sind, diesem Uebel ein Ende zu bereiten.

Freilich darf man eines nicht vergessen, daß alle Organismen endlich sind, daß sie sterben müssen, und daß es daher kein endloses Glück geben kann. Ebensowenig als es möglich ist, Krankheit und Tod, Siechthum und Schmerzen aus der Welt zu verbannen, ebensowenig ist es möglich, alle Leiden zu tilgen, die aus den Beziehungen des Einzelnen zur Gesammtheit entspringen können. Der Mensch lebt ein zweifaches Leben, ein materielles und ein seelisches, und so wenig ein Gesetz anordnen kann, daß der Liebende wieder geliebt werden müsse, sondern die Thatsache respectiren muß, daß er durch seine Eigenschaften und Handlungen die Gegenliebe zu erwerben hat, ebensowenig kann ein Gesetz jedem Menschen die ihm wünschenswerthe materielle Position sichern, wenn er nicht selbst alle jene Bedingungen gerne und gewissenhaft erfüllt, an welche eben das Erreichen des materiellen Glückes in seiner Lebenssphäre geknüpft ist. Der Kampf wird daher nur zu Gunsten jener gekämpft, die trotz treuer Pflichterfüllung das Ziel ihres Strebens nicht erreichen können, weil unzerstörbare Hindernisse ihnen den Weg dazu versperren. Die Kämpfer dieses Kampfes müssen gute Menschen, die Führer in demselben bevorzugte Geister sein. Sie müssen die Schmerzen und Qualen der Armen und Elenden nicht nur mit ihrem Verstande prüfen, sondern auch mit ihrem Herzen fühlen, wenn ihr Wort nicht leerer Schall, ihr Werk nicht gleich dem Rauche sein soll, der verweht. Man muß sich vergegenwärtigen, daß nur eine ungeheure Ausdehnung des Uebels jene allgemeine Unzufriedenheit hervorrufen konnte, die heute den Kampf gegen die Armuth nothwendig macht, die diesen Kampf nicht blos als eine freiwillige Thätigkeit jener erscheinen läßt, die guten Herzens sind, sondern als eine Staatsnothwendigkeit. Denn die Massen, die innerhalb eines Staats- und Gesellschaftsverbandes ihr Glück nicht finden können, haben kein Interesse an dem Weiterbestehen dieses Verbandes. Wie wollte man dem Besitzlosen heute beweisen, daß er durch eine Zertrümmerung des gegenwärtigen Organismus der Gesellschaft auch seine eigenen Interessen gefährde? Weil dies so ist, ist der Staat genöthigt, in den Kampf gegen die Armuth selbst mit einzutreten, selbst die Waffen zu schwingen, um ein Uebel zu beseitigen, das gleich einem bösen Wurme seine Wurzeln benagt. Es ist nur eine logische Schlußfolgerung,

daß als erster Schritt in diesem Kampfe die Forderung auf=
gestellt wird, der vierte Stand, zu dessen Gunsten der Kampf
geführt werden soll, müsse an unseren Staats= und Gesellschafts=
ordnungen wieder interessirt werden. Die Erfüllung dieser
Forderung fällt dem Staate zu, er hat auch diese Verpflichtung
anerkannt, und wir werden sehen, in welcher Weise er derselben
zunächst gerecht zu werden sucht. Man kann also in einem
gewissen Sinne von einer Staatshülfe in diesem Kampfe
sprechen. Das Wort Staatshülfe muß hier allerdings in einer
viel umfassenderen Weise verstanden werden, als dies gewöhn=
lich geschieht. So wie wir den Begriff des Staates dem
vierten Stande gegenüber gebrauchen, um die Summe aller
Interessen der bestehenden socialen, politischen und civilisato=
rischen Ordnungen und Zustände auszudrücken, so müssen wir
auch von Staatshülfe nur in dieser ausgebreiteten Bedeutung
sprechen, daß der Staatsmechanismus als solcher, außerdem
aber auch der ganze wirthschaftliche, sociale und politische
Mechanismus der ganzen modernen Gesellschaft einzugreifen
habe, um das früher bezeichnete Ziel zu erreichen. Also weder
der militärisch=clericale, noch der capitalistische, noch der sociale
Staat, wie überhaupt kein Classenstaat kann dieses Problem
lösen. Unser moderner Staat ist aber kein Classenstaat, wenn
auch noch hie und da veraltete Formen dies glauben lassen;
in seinem Wesen ist er jeder Gestaltung der Zukunft anpassungs=
fähig, und darum konnte er ohne weitere Vorbereitung den
Kampf gegen die Armuth thatsächlich aufnehmen. Daß seine
ersten Schritte vielfach von den mächtigeren Schichten der Ge=
sellschaft beeinflußt wurden, können wir an der preußischen
Socialgesetzgebung sehen. Dort können wir sehen, daß ein
Eintreten des Staates in den Kampf gegen die Armuth nicht
in dem Sinne erfolgen darf, daß der Staat zu den Lasten,
die ihn heute drücken, auch noch die Last der Versorgung der
Arbeiter auf sich nehme. Die Reform muß vielmehr in dem

Sinne erstrebt werden, daß die Gesellschaft, die ja den Staat nach ihren Bedürfnissen construirt hat, die Verpflichtung habe, diesen Staatsorganismus wirthschaftlich und materiell so auszuweiten, daß auch der vierte Stand innerhalb der neuen Grenzen behaglich wohnen kann. Nicht der Staat hat also zunächst materielle Opfer zu bringen, deren Wirkung ja auch auf den Armen zurückfällt, sondern die Besitzenden haben dem Staate Opfer zu bringen, die er den Bedürftigen zuzuwenden hat, durch die Schaffung neuer Gesellschafts= und Productionsorganisationen.

Daß die Forderung so zu stellen ist, wird auch fast ausnahmslos anerkannt, und die Bemühungen der zunächst in Anspruch zu nehmenden Interessentengruppen, den derzeitigen Zustand des Proletariats in einem verhältnißmäßig günstigen Lichte darzustellen, um dem geheischten Opfer zu entgehen, sind aussichtslos. Selbst wenn die Ausführungen englischer Gelehrter wie Robert Giffen, Leone Levi und J. S. Jeans, welche beweisen, daß nicht nur die Lohnhöhe gestiegen, sondern auch der Kaufwerth des Geldes sich vermehrt hat, wahr wären, würden sie an dieser Aussichtslosigkeit nichts ändern. Wir lassen hier jedoch ein kurzes Resumé ihrer Ausführungen folgen.

Robert Giffen hat die Löhne der mannigfachsten Arbeiter= Kategorien aus den Jahren 1850 und 1882 verglichen und gefunden, daß die Höhe der Löhne während eines halben Jahrhunderts in der Mehrzahl der Fälle um 50 bis 100 Procent, in einigen sogar um 150 bis 160 Procent gestiegen ist, während gleichzeitig die Arbeitslast und Leistung durch Abkürzung der Arbeitszeit um nahezu 20 Procent vermindert wurde. Mit anderen Worten, der Arbeiter in England hat seit dem Jahre 1850 in runder Zahl 70 bis 120 Procent an Geldlohn gewonnen. Nun könnte man aber einwenden, der Geldwerth von heute sei mit demjenigen der fünfziger

Jahre nicht vergleichbar, die Kaufkraft des Geldes sei gesunken, und das Quantum der durch eine bestimmte Geldsumme heute erreichbaren Genüsse sei geringer, als es damals war. Um diesem Einwurfe zu begegnen, bewies Giffen aus der Gegenüberstellung der wichtigsten Ausgabeposten im Haushalte der arbeitenden Classen, daß Nahrung, Kleidung, Beleuchtung, Wohnung im Jahre 1882 billiger waren als im Jahre 1850. Mit anderen Worten, die höheren Löhne bedeuten für den Arbeiter einen effectiven Gewinn, und wenn die Arbeiter dennoch über eine Verschlechterung ihrer Lage klagen, so beruhe dies oft auf den gestiegenen Ansprüchen, die jeder Einzelne in Bezug auf Comfort, gute Nahrung und Kleidung heute erhebt. Zusammenhängend damit zeigte Giffen die große relative Zunahme desjenigen Antheils, welcher auf die arbeitenden Classen aus dem gesammten Nationaleinkommen Großbritanniens entfällt, und machte auf die bereits erkennbaren Folgen dieser Verbesserung ihrer Lage in der geringeren Mortalität, besseren Erziehung, abnehmenden Criminalität und Mendacität, den höheren Sparcasse-Einlagen, im größeren Verbrauche entbehrlicher Genußmittel u. s. f. aufmerksam.

Unabhängig von diesen Ergebnissen hat ein anderer englischer Statistiker, Professor Leone Levi, allerdings nach einer minder solid erscheinenden Methode einen Beweis über die rasche Hebung des Arbeiterstandes in England zu führen versucht. Aus dem Vergleiche der Anzahl von Personen, welche sich materiellen Berufszweigen widmen, mit dem berechneten Einkommen derselben sucht er darzuthun, daß im Jahre 1867 auf jeden Kopf nur 38 Pfd. Sterl., im Jahre 1884 aber 42,14 Pfd. Sterl. entfielen; in diesen 17 Jahren habe die Zahl der Menschen in den arbeitenden Berufsclassen um 11 Procent, die Höhe ihres Verdienstes um 24,64 Procent zugenommen, so, daß sich ihr mittleres Einkommen um 10,9 Procent gehoben hat. Zu ähnlichen Resultaten kommt eine sorgfältige Untersuchung, welche J. S. Jeans in einer Sitzung des Jahres 1885 der statistischen Gesellschaft in London vorgetragen hat. Abgesehen von den interessanten Parallelen, welche diese Untersuchung in Betreff der hohen Leistungsfähigkeit des englischen gegenüber dem amerikanischen, deutschen, französischen, belgischen und österreichischen Arbeiter zieht, sind es die Vergleiche über die Hebung der durchschnittlichen Lohnhöhe, welche der aufmerksamsten Beachtung werth erscheinen. Es geht daraus hervor, daß seit dem Jahre 1850 in der ganzen civilisirten Welt die Arbeitslöhne in einem Grade gestiegen sind, wie in keiner früheren Geschichtsepoche, und daß in derselben Periode die Kosten des Lebensunterhaltes nach vorübergehender Vertheuerung schließlich eine sehr bedeutende Verbilligung erfahren haben. Mit möglichster Einschränkung des Zahlen-Apparates möge folgendes resumirt werden. Der mittlere Arbeitsverdienst hat in England in einer Anzahl typischer Beschäftigungen in der Periode 1850 bis 1883 um 40 Procent, in den vereinigten Staaten von Amerika in allen materiellen Berufszweigen zwischen 1860 und 1883 um 39,9 Procent, in Frankreich in der großen Mehrheit der gewerblichen Industrien um 53 Procent (in Paris), beziehungsweise um 65 Procent (in den Departements) zugenommen. Nur in Bezug auf Miethzinse und Bekleidung herrschen in den verschiedenen miteinander verglichenen Ländern beachtenswerthe Unterschiede; in den übrigen Posten des Lebensunterhaltes sind aber die Quoten der einzelnen Ausgaben relativ ziemlich übereinstimmend, und es kann mit apobictischer Gewißheit behauptet werden, daß der Rückgang der Güterpreise seit 1850 eine allgemeine Vermehrung der Bedürfnißbefriedigung und der Genüsse in den arbeitenden Classen ermöglicht hat.

So bestechend diese Ausführungen erscheinen, so muß doch gesagt werden, daß ihnen eine große Anzahl gegentheilig lautender gegenübergestellt werden kann. Aber nicht darin liegt die Ursache ihrer mangelnden Beweiskraft, sondern in dem Umstande, daß der Wohlstand und das Wohlbefinden des Einzelnen etwas Relatives und nicht etwas Absolutes ist. Der Einzelne setzt sich in Beziehung zur Gesammtheit, und wenn der Luxus in den besitzenden Classen steigt, so empfindet der Arme eine Dürftigkeit, die relativ geringer ist als die früher erlebte, viel härter als diese.

Man muß auch nicht übersehen, daß Nahrung und Obdach in hinlänglicher Menge nicht die Summe aller menschlichen Bedürfnisse darstellen. Wir müssen uns vielmehr vor Augen halten, daß die Durchführung der bürgerlichen Gleichheit auch eine Gleichheit des Denkens bewirkt hat, und daß in dieser Gleichheit des Denkens die Schlußfolgerungen liegen, die acceptirt werden müssen, wenn der Kampf gegen die Armuth Aussicht auf Erfolg haben soll. Bildet heute das Streben nach Reichthum und Macht, bescheiden ausgedrückt: nach Besitz und Einfluß, das Ziel jedes Einzelnen, so dürfen wir uns nicht wundern, wenn in der Gewährung dieser zwei Ideale die einzige Lösung der Frage liegt. Man muß dem vierten Stande Theilnahme am Besitze und an der Ausübung politischer Rechte gewähren, und ihn dadurch an dem Fortbestande der gegenwärtigen Ordnungen interessiren.

Nun ist es allerdings nicht schwer, durch Decretirung des allgemeinen Stimmrechtes die Ausübung politischer Rechte auf die denkbar breiteste Basis zu stellen, aber ob es ein Act der Klugheit ist, politische Rechte und damit einen Theil von Einfluß und Macht zu gewähren, bevor man Interesse an dem Fortbestande unserer Ordnungen durch Gewährung materieller Vortheile eingeflößt hat, das ist eine leicht zu beantwortende Frage. Der französische und theilweise auch der deutsche Parlamentarismus geben uns hierfür recht lehrreiche Beispiele. Die Gewährung politischer Rechte muß also den Schlußstein aller jener Reformen bilden, die zu Gunsten des vierten Standes von Staats= und Gesellschaftswegen ins Werk gesetzt werden sollen. Angefangen muß mit jenen materiellen Concessionen werden, welche die Theilnahme an dem Besitze gewähren. Wenn trotzdem in der deutschen Gesetz= gebung der umgekehrte Weg beliebt wurde, so hat dies seinen Grund in dem trivialen Sprüchlein, daß beim Gelde die Gemüthlichkeit aufhöre. Man theilt eben lieber die idealen als die materiellen Güter.

Aber wie soll die materielle Betheiligung der Besitzlosen, der von der Hand in den Mund Lebenden an dem Besitze der Ausbeutenden erfolgen? Es ist doch unzulässig, vom Communis= mus im Ernste zu reden! Wenn der Schauer vor diesem Worte überwunden, muß allerdings bemerkt werden, daß communistische Einrichtungen wiederholt in verschiedenen Entwickelungsstadien der menschlichen Gesellschaft zu Recht bestanden haben, und daß gewisse Formen des Besitz= und Erbrechtes speciell im fränkischen Staats= und Stammeswesen sich sehr leicht mit modernen, weit vorgeschrittenen communistischen Tendenzen vertragen würden. Es ist eben nichts neu unter der Sonne. Auch der moderne Communismus enthält in seiner Theorie ein Atom von Berechtigung, das auf der einseitigen Ausbildung unseres Erwerb= und Besitzrechtes zu Gunsten der Besitzenden fußt oder daraus wenigstens seine Folgerichtigkeit ableiten kann. Soll man den Forderungen des vierten Standes im Sinne einer wirklichen Beseitigung der socialen Frage gerecht werden, so muß man thatsächlich die Forderungen der Communisten zum Ausgangspunkte der Verhandlungen nehmen, schon darum, weil es sich hier um eine Vermittelung handelt, und weil eine solche doch nur dann mit Erfolg ins Werk gesetzt werden kann, wenn zuerst die extremsten Forderungen einander gegen= übergestellt werden. Diese beiden extremsten Forderungen sind aber in unserem Falle Schutzzoll zu Gunsten einzelner ausbeutender Classen und Gütertheilung zu Gunsten der

Besitzlosen. Daß die erste Forderung eine Berechtigung habe, ist heute von der Majorität der ruhig und vernünftig Denkenden trotz der wissenschaftlichen Begründung der Freihandelstheorie zugegeben. Ebenso wird man der zweiten Forderung in gewissem Sinne und innerhalb bestimmter Grenzen die gleiche Berechtigung zugestehen müssen, und so wird sich zwischen den beiden Gegensätzen wohl das ausgleichende Mittel finden lassen. Die ausbeutende Classe, der Capitalismus, wie die Socialisten dieselbe bezeichnen, muß also der vorgeschrittensten socialen Partei auf ihr eigenes Gebiet folgen, um deren Friedensbedingungen kennen zu lernen. Auf diesem Gebiete kommen keine idealen, sondern nur materielle Güter in Frage.

In diesen einleitenden Bemerkungen liegt der Weg vorgezeichnet, den wir gehen müssen, um den Kriegsplan zu verstehen, der heute dem Kampfe gegen die Armuth zu Grunde liegt. Wir werden selbstverständlich jenen Theil des Kampfes, der von den Aufrührern gegen die Staats- und Gesellschaftsordnung geführt wird, unberührt lassen. Auch sie geben an, für das Glück der Menschheit zu kämpfen. Es kann sein, daß viele unter ihnen dies auch glauben, aber wir wissen, daß ihr Wirken das ihren Wünschen entgegengesetzte Ziel erreichen muß. Dagegen werden wir beobachten, wie der Staat, die Gesellschaft und die Besitzlosen zusammenwirken, um dem Uebel der Armuth die Quellen seines weiteren Bestandes zu entziehen, und vielleicht gewinnen wir die Hoffnung, daß diesem Zusammenwirken auch der Erfolg nicht fehlen werde.

Das Proletariat gliedert sich in zwei große Gruppen: in das landwirthschaftliche und in das industrielle, wobei zu bemerken, daß bei dem industriellen gewöhnlich das städtische Proletariat mitverstanden wird. Die Aufgaben des Staates, der Gesellschaft und auch jener, welchen geholfen werden soll, sind nun zweierlei. Erstens muß die momentane Noth beseitigt werden, und zweitens muß die Ursache, aus welcher diese Noth entstanden ist und aus welcher sie sich immer erneuern würde, aus der Welt geschafft werden. Der Staat zunächst sucht dieser Aufgabe durch Gesetze gerecht zu werden, und man theilt diese Gesetzgebung in eine agrarische und in eine industrielle, je nachdem sie sich auf die eine oder die andere der beiden genannten Gruppen bezieht. In unserem Vaterlande ist die Erscheinung des Pauperismus verhältnißmäßig jung und die Maßnahmen zur Beseitigung desselben sind daher erst im Entstehen begriffen. Dies gilt von der Agrargesetzgebung insofern, als man von der Grundentlastung absieht. Gerade in den letzten Wochen tobte der Streit über ein Agrargesetz (Höferecht) in den parlamentarischen Körperschaften, und es würde uns nicht ziemen, an dieser Stelle in diesem Streite Partei zu ergreifen. Wir wenden uns daher an den Geschichtschreiber, damit er uns den Gang dieser Dinge bei den alten Culturvölkern zeige. Ist der Geschichtschreiber wirklich ein rückwärtsschauender Prophet, so werden wir aus seinen Worten vielleicht eine Lösungsmöglichkeit des Problems erkennen, um welches heute der Streit der Parteien tobt.

Die schwachen Umrisse, welche wir aus den dürftigen Nachrichten über die früheste Menschengeschichte gewinnen, lassen uns erkennen, daß es immer nur wenige sind, die im herrlichen Lichte des Glückes sich sonnen, während die dumpfe Menge die Quadern zu den Pyramiden aufschichtet, die Silberbergwerke Spaniens für die Phönicier ausbeutet, die Plantagen Afrikas für die Carthager, diejenigen Siciliens und Italiens für die Römer in Sclavenfesseln bewirthschaftet. Während aus der Scholle des Ackers der Segen einer höheren Cultur erblüht, ist es gerade der thätige Bearbeiter derselben, den wir in allen Entwickelungsstufen des Menschengeschlechtes mit einem gleichmäßig harten und unerträglichen

Schicksale kämpfen sehen. Es ist, als ob die Brodfrucht, die Ernährerin des Menschengeschlechtes, dieser doppelten Düngung, des Schweißes und der Thränen des Landmannes bedürfe, um lohnenden Ertrag zu liefern.

Sprechen wir von den agrarischen Fragen des Alterthums, so haben wir zumeist nur griechische und römische Zustände vor Augen. Aber auch Aegypten, Babylon, Assyrien, Persien und Indien, um die wichtigsten Culturstaaten des Alterthums zu nennen, erstanden wesentlich aus der erfolgreichen Bebauung des Grundes und des Bodens. Auch kleinere Staaten, wie Phönicien und Griechenland, zogen ihre erste Macht aus den Erträgnissen des Grundes und Bodens, und daß wir die Anfänge Roms uns aus einer einfachen Bauerngemeinde entstehend denken müssen, beweist nur den tiefen Sinn des Antäus-Mythus, der unerschöpfliche Kraft aus der Berührung der heiligen Erde entspringen läßt. Ueber die Stellung des Ackerbauers in Aegypten und Indien erhalten wir einen, wenngleich unzureichenden Aufschluß aus den Nachrichten über die ständische Gliederung dieser Völker. In beiden Staaten scheint dieselbe keine sehr bevorzugte gewesen zu sein. So erscheinen in Aegypten die beiden ersten Stände Priester und Krieger als die Besitzer, der Bauer nur als der Pächter des Bodens. Er stand mit dem Hirten, dem er im Range vorging, auf der untersten Sprosse der Stufenleiter ägyptischer Kastenordnung. Aber unter diesen beiden lebte noch die große Horde der Sclaven, die vor der chamitischen Einwanderung den Boden urbar gemacht hatte.

Dieser Zustand zeigt uns die eine Erscheinungsform der agrarischen Frage, die hervorgeht aus der Eroberung eines Landes durch fremde Eindringlinge und aus der Knechtung der früheren Bevölkerung. Kommt es zu einer vollständigen Unterbrückung derselben — zu einer Beugung unter das Sclavenjoch, dann giebt es jene Agrarfrage, deren Zeichen der Meuchelmord ist. Aber wir finden, daß eine solche vollständige Unterjochung der früher seßhaft gewesenen Bevölkerung nicht immer stattgefunden hat. Dann machte sich der Eroberer blos zum Herrn des Bodens und drückte den früheren Besitzer in ein mehr oder minder strenges Verhältniß der Leibeigenschaft herunter, welches neben dem Zustande völliger Rechtlosigkeit in bürgerlicher Hinsicht, doch wenigstens die freie Bewegung des Leibes nicht hemmte und sich mit der Abgabe der über den eigenen Bedarf erworbenen Erträge des Grundes und Bodens begnügte. In solchen Fällen war das Schicksal des neuen Besitzers und des zum Knechte erniedrigten alten Herrn nicht so sehr verschieden. Beide bearbeiteten das Feld und lebten von seinem Ertrage. So war es vermuthlich auch in Indien, wo die schärfere Kastengliederung dem freien Ackerbauer, dem Vaisha, die dritte, dem Unterworfenen, dem Sudra, die vierte Stelle anweist. Freilich war die Kluft zwischen den Sudras und Vaishas eine große, denn diesen Sudras war sogar das Lesen der heiligen Schriften verwehrt und kein Brahmane durfte von ihnen ein Geschenk annehmen, während die Vaishas als die unentbehrliche Classe angesehen und der besonderen Vorsorge der Regierung, der Rücksicht und Schonung der vornehmen Classen empfohlen waren.

Das Loos der unterworfenen Völkerschaften könnten wir am deutlichsten aus dem Helotenthume Spartas erkennen, sofern nicht die irischen Zustände uns ohnedies eine schauderhafte Wirklichkeit vor Augen hielten. Auch in Sparta finden wir verschiedene Abstufungen im Knechtschaftsverhältnisse der unterworfenen Bevölkerung, von denen typisch die mildeste als Periökenthum und die härteste als Helotismus uns erscheinen. In den fortwährenden Aufständen der einheimischen und der zum Helotismus herabgedrückten messenischen Bevölkerung können wir Agrarrevolutionen erkennen, welche den spartanischen Staat auf das Tiefste erschütterten.

Eine zweite Form der Agrarfrage tritt uns im attischen Staatswesen entgegen. Diese entsteht durch die Verarmung der bäuerlichen Bevölkerung. Die Erscheinungsformen, die sich hieraus ergeben, sind immer dieselben; sie modificiren sich nur nach den jeweilig geltenden Rechtsnormen für Schuldner und Gläubiger. Während im attischen Rechte z. B. eine Verpfändung des Grundes und Bodens gegen ein Darlehen möglich war, fehlt diese Rechtsnorm im alten römischen Rechte, wo der Besitz des Schuldners sogleich an den Gläubiger übergeht. Scheint diese Bestimmung den Schuldner auch vor einer wucherischen Ausbeutung durch den Gläubiger zu schützen, so hat sie doch nicht hingereicht, den römischen Staat vor den heftigsten agrarischen Bewegungen zu bewahren, ebensowenig als Attika mit der gegensätzlichen Bestimmung von einer agrarischen Krise verschont blieb. In beiden Staaten wurde das Uebel verschärft durch die aus dem Schuldverhältniß sich schließlich ergebende Unfreiheit des Schuldners, die in Attika selbst zum Verkaufe in die Sclaverei in das Ausland führen konnte, in Rom mit lebenslänglicher Haft in den Schuldthürmen der Reichen ihr Ende fand. In diesem Verlaufe der agrarischen Bewegung in Attika zeigt sich uns auch sogleich der Punkt, wo die ganze Sache den Staat zu interessiren beginnt, nicht nur den attischen Staat, sondern auch den römischen oder den modernen, den Staat überhaupt. Dieses Interesse tritt mit dem Momente ein, wo aus der agrarischen Bewegung eine allen erkennbare Schädigung des Gemeinwesens erwächst, z. B. das Unvermögen einer weiteren Steuerleistung seitens des Ackerbauers oder eine bedeutende Bevölkerungsabnahme oder endlich ein besitzloses, das allgemeine Wohl bedrohendes Proletariat. Der Staat als solcher, sowohl der antike wie der moderne, kann mit dem Proletariate nichts anfangen, nicht weil es nicht zu bändigen ist, sondern weil jeder Proletarier die Stelle eines leistungsfähigen Bürgers einnimmt. Ich muß hier die Bemerkung Mommsens einwerfen, „daß die Aufgabe der Beseitigung des Proletariats die ganze Macht und Weisheit der Regierung erfordert und nur zu oft übersteigt, dagegen die polizeiliche Niederhaltung desselben für jedes größere poltische Gemeinwesen verhältnißmäßig leicht ist. Es stünde wohl um die Staaten, wenn die besitzlosen Massen ihnen keine andere Gefahr bereiten, als wie sie auch droht von Bären und Wölfen."

Die attische Agrarfrage wurde beseitigt durch die solonische Reform. Solons Reform war ein Compromiß. Der Staat trat als Helfer in der momentanen Noth ein — aber nicht weiter. Für die zukünftige Gestaltung der Dinge brachte er keine Opfer. Diese mußte sich ergeben aus gesetzlichen Beschränkungen des bisherigen Zustandes nach beiden Seiten. Es durfte Niemand mehr auf den Leib borgen, es wurde aber jeder mit der Todesstrafe belegt, der einen attischen Bürger in die Sclaverei verkaufte. Die bisher Verkauften löste der Staat zurück. Die Hypothekarschulden mußten bezahlt werden, doch gewährte die Münzverschlechterung einen ungefähr 27 Procent betragenden Nachlaß. Die Zinsen wurden als Tilgungsquoten der Schuld behandelt, und außerdem wurde gesetzlich normirt, daß eine Zusammenschließung der Bauerngüter zu Latifundien nicht mehr stattfinden dürfe. Wir sehen also, daß der Staat den Capitalismus, der ja die ackerbauende Bevölkerung thatsächlich in diese schlimme Situation gebracht hatte, zwang, einen Theil des erlangten Profites aufzugeben. Wir finden in allen Staaten des Alterthums, in denen die Agrarfrage dieselbe Form angenommen hat wie in Attika, daß der beutelustige Capitalismus repräsentirt wird durch die herrschende Aristokratie. Es hat eben eine Trennung des Großgrundbesitzes von der Capitalskraft noch nicht stattgefunden. Aber auch dort, wo in späterer Zeit der leicht erworbene Reichthum eine Geldaristokratie schuf, wandelte sich diese sogleich wieder in die Kategorie des Großgrundbesitzes um, — eine Erscheinung, die wir ja in unseren modernen Verhältnissen mit Leichtigkeit verfolgen können. Die römische Agrarfrage, wie sie sich in den ersten Zeiten der römischen Adelsherrschaft nach der Vertreibung der Könige ergab, hat im Wesentlichen den Charakter der attischen Agrarbewegung zu Solons Zeiten. Nur findet sie keine so glückliche Lösung wie diese, sondern schleppt sich als chronisches Uebel durch die Entwickelung des römischen Freistaates. Die Ursache dieser Erscheinung liegt darin, daß ihre Lösung um ihrer selbst willen kaum jemals ernsthaft versucht wurde, sondern daß die verschiedenen Lösungsversuche stets nur zur Erreichung politischer Zwecke dienen sollten. — Die römische Agrarfrage wird acut wie die attische durch die Bewucherung des kleinen Grundbesitzers durch die römische Geldaristokratie, die sich der Hauptsache nach aus dem Großgrundbesitze recrutirte, ja in den ersten Zeiten der Republik ausschließlich durch diesen repräsentirt wurde. Der Großgrundbesitz hatte sich frühzeitig des Handels, später aller Staatsgeschäfte bemächtigt und war so zum Repräsentanten des mobilen Capitals geworden. Die römische Bauernschaft war während der Herrschaft des Königthums vor Verarmung geschützt gewesen, hauptsächlich dadurch, daß die erworbenen Staatsländereien, soweit es nothwendig war, in kleine Bauerngüter zerschlagen und den besitzlosen jüngeren Söhnen der kleinen Grundbesitzer zugewiesen wurden. Außerdem dürfte unter dem Königthum zweifellos die Benutzung der großen Staatsländereien, des ager publicus auch den nicht patricischen Grundbesitzern, also ärmeren und reicheren Plebejern freigestanden haben, wenn auch schon damals große Theile dieser Staatsgüter von einzelnen patricischen Familien zur einstweiligen Benutzung in Besitz genommen worden sein mögen. Eine solche Besitzergreifung zu Benutzungszwecken nannte man Occupation; dieselbe war nach römischem Rechte gestattet und tangirte das Eigenthumsrecht des Staates an diesen Ländereien nicht. Selbst die Verjährung, Verschuldung, Vererbung, ja Kauf und Verkauf hoben das Eigenthumsrecht des Staates nicht auf.

Nach Vertreibung der Könige nahmen die Patricier das Benutzungsrecht des ager publicus ausschließlich für sich in Anspruch. Die Auflösung desselben in kleine Bauerngüter wurde auch bei Neuerwerbungen nur mehr, soweit militärische Zwecke es erforderten, vorgenommen. Dadurch fand der Bevölkerungszuwachs keinen Abfluß, und das Recht der Freitheilbarkeit der römischen Bauerngüter führte eine heillose Zersplitterung derselben und damit den Anfang der Verarmung der römischen Bauernfamilien herbei. Die Armuth wächst durch die häufige Einberufung der Bauern zu lange währenden Feldzügen, vornehmlich aber durch finanzielle Lasten, welche die Bauernschaft trafen. Das verhielt sich folgendermaßen. Den Begriff einer Steuerleistung des freien Bürgers kannte das ältere römische Recht nicht. Wohl aber konnte der Staat, wenn er sich in finanziellen Nöthen befand, Vorschüsse, „tributum" genannt, von den Bürgern erheben. Das geschah nun jetzt sehr häufig, weil das bestehende Patricierregiment die Staatseinnahmen wesentlich verkürzte. Für die Benutzung des ager publicus war eine Gebühr, ein sogenanntes Hutgeld zu entrichten. Die patricischen Aufsichtsorgane hoben diese Gebühr immer lässiger ein und ließen sie endlich in Vergessenheit gerathen. Der Bauer wurde der Schuldner des Großgrundbesitzers. Bei dem hohen Zinsfuße, der üblich war, und bei dem Umstande, daß alljährlich Zins auf Zins geschlagen wurde, erreichten diese Schulden bald eine unerschwingliche Höhe. Ließ der Gläubiger den Schuldner im Besitze seines Gutes, dann war dieser ärger daran als der ärmste Sclave, denn er hatte ja die Lasten zu tragen, ohne

Nutzung des Erträgnisses; in der Regel wurde er seiner Freiheit beraubt und zum Schuldknecht erniedrigt.

Die ersten Reformversuche, die gemacht wurden, gingen auf Beseitigung der Ursachen dieses Uebels aus, aber sie fanden keine Unterstützung, weil die reichen Plebejer im Grunde dieselben Interessen verfolgten wie die reichen Patricier. Erst als diese den reichen Plebejern hartnäckig die Zulassung zu den öffentlichen Aemtern verweigerten, gelang es, die sogenannten licinisch-sextischen Rogationen, welche die Agrarreform mit einer den reichen plebejischen Geschlechtern günstigen politischen Reform verknüpften, zum Gesetz zu erheben. Soweit es sich bei diesem Gesetze um Beseitigung des agrarischen Nothstandes handelte, suchte man dem Bauernproletariate einen künstlichen Abfluß zu verschaffen durch möglichst weitgehende Grundvertheilungen aus dem ager publicus, der den Patriciern zum größten Theile abgenommen werden sollte. Außerdem sollte der freien Arbeit Raum geschafft werden durch Einschränkung der Sclavenarbeit, indem Vorschriften erlassen wurden, daß eine der Zahl der auf einem Gute verwendeten Sclaven entsprechende Anzahl von freien Arbeitern im landwirthschaftlichen Betriebe Verwendung finden müsse. — Diese Bestimmung blieb ganz wirkungslos, obgleich sie, in allen Theilen des römischen Reiches angewendet, zweifellos geeignet gewesen wäre, den römischen Bauernstand dauernd zu erhalten. Auch die erste Bestimmung gelangte nach der Annahme des Gesetzes zu keiner Bedeutung, weil keine Durchführungsbestimmungen damit verbunden waren und sie sonach nur den Werth einer principiellen Feststellung, also sagen wir, den Werth eines principiellen Staatsgrundgesetzes hatte. Erst durch die Wiederaufnahme der licinisch-sextischen Rogationen seitens des Tiberius Gracchus gelangten diese Bestimmungen zur wirklichen Durchführung. Jetzt wurde allerdings ein Theil des riesig angewachsenen Bauernproletariats versorgt, wie uns das Anwachsen der Bürgerlisten in diesen Jahren beweist, es waren aber inzwischen Verhältnisse zur Herrschaft gelangt, welche den Werth der ganzen Reform vollständig illusorisch machten.

Das mobile Capital hatte inzwischen eine Verwendungsart gefunden, welche den Ruin der Bauernschaft für immer und hauptsächlich darum besiegelte, weil die römische Staatsregierung ausschließlich im Interesse dieses mobilen Capitals handelte. Es hatte sich nämlich die Plantagenwirthschaft mit Sclavenbetrieb nach carthagischem Muster allmählig auf Sicilien und Sardinien, endlich auch in Unteritalien und wahrscheinlich schon zu des Tiberius Gracchus Zeit auch in Etrurien eingebürgert, und dadurch war dem Bauer eine Concurrenz entstanden, der er unterliegen mußte. Denn diese Plantagenbesitzer lieferten das Getreide zu Preisen, zu welchen der kleine Landwirth es nicht zu erzeugen vermochte.

Die Preisverschlechterung nahm zu durch die überseeische Concurrenz. Diese wurde von der Regierung selbst groß gezogen, und es scheint, daß aus den Provinzen Getreide nur nach Rom zollfrei ausgeführt werden durfte. Es kommt vor, daß sardinisches Getreide in den römischen Häfen um den Preis der Fracht verkauft wird. Die großen in Rom zusammenströmenden Getreidemassen werden von der Regierung zu äußerst niedrigen Preisen abgegeben. So wurde um 200 v. Chr. der preußische Scheffel (6 Modii) zum Preise von 24 bis 12 Assen von Staatswegen an die Bürger verkauft, das ist um 10 bis 5 Groschen = 50 bis 25 Kreuzer. Das Jahr 250 v. Chr. war äußerst fruchtbar. Damals kosteten 6 Modii = 1 preußischer Scheffel Spelt $3/5$ Denar = 4 Groschen = 20 Kreuzer, und ebenso viel kosteten 180 römische Pfund = 1 Pfund = 22 Loth getrocknete Feigen, 60 Pfund Oel, 72 Pfund Fleisch und 6 Congii = 17 preußische Quart Wein. In den reichsten Kornlandschaften zahlte man zu Polybius Zeiten, circa 150 v. Chr., für Kost und Nachtquartier im Wirthshaus durchschnittlich per Tag $1/3$ Groschen = 2 Kreuzer. Der preußische Scheffel Weizen galt hier einen Denar = $3 1/3$ Groschen = 17 Kreuzer, ein Zeichen, wie stark entwerthet das Korn und das Kornland gewesen sein muß. Unter solchen Verhältnissen war der Bauer rettungslos verloren; nur der Großgrundbesitzer konnte sich durch Aenderung des Wirthschaftssystems behaupten, zunächst durch Aufnahme des Oel- und Weinbaues und der Viehzucht. Es kam dabei der Betrieb mit Sclaven in Anwendung; natürlich nicht wie früher mit Sclaven, die etwa in der Stellung von Knechten waren, sondern mit Kettensclaven, die aneinander gefesselt arbeiten mußten und des Nachts in unterirdischen Kerkern untergebracht wurden. Diese hatten nur einen einzigen Ausgang, um eine Flucht unmöglich zu machen. — „Das Meer von Jammer und Elend, das in diesem elendesten aller Proletariate sich vor unseren Augen aufthut, mag ergründen, wer den Blick in solche Tiefen wagt, — es ist leicht möglich, daß, mit denen der römischen Sclavenschaft verglichen, die Summe aller Negerleiden ein Tropfen ist," so Mommsen.

Die Kosten einer solchen Massenproduction waren sehr geringe. Der Sclave wurde in schonungslosester Weise ausgenutzt. Er ist nur da, um zu arbeiten oder zu schlafen, war Cato's Meinung, und die vom Gesetze vorgeschriebene Ruhezeit wurde in naiv-pfiffiger Weise umgangen. Befahl das Gesetz z. B., daß an einem bestimmten Tage der Pflug zu ruhen habe, so ließ man eben den Pflug ruhen, aber die Sclaven wurden zu anderer Arbeit verwendet.

Der kleine Grundbesitzer und der Bauer kann mit einer billigen Massenproduction nicht concurriren, weder im antiken Rom noch im modernen Deutschland oder Oesterreich. Sowohl Tiberius Gracchus wie sein jüngerer Bruder Gaius erkannten, und letzterer, der von den sentimentalen Schwächen seines

Bruders frei war, viel deutlicher als dieser, daß eine bloße Ackervertheilung unter die besitzlos gewordenen Bauern das Uebel nicht an der Wurzel treffe. — Da es schließlich auch ihm wesentlich um die Erreichung politischer Ziele zu thun war, so ist auch die Gracchische Reform über die Anwendung dieser Palliativmittel zur Beseitigung des agrarischen Nothstandes nicht hinausgekommen. Freilich geschah noch außerdem etwas zur Linderung des herrschenden Elends, aber das wäre besser ungeschehen geblieben. Nach des Gaius Gracchus Antrag erhielt jeder Bürger, wenn er sich persönlich in Rom meldete, allmonatlich ein bestimmtes Maß Getreide ausgefolgt. Diese Maßregel hat nur dazu beigetragen, das großstädtische Proletariat durch massenhafte Zuzüge aus den Provinzen zu vermehren, hat aber dem dahinschwindenden kleinen Bauernstande nicht geholfen. — In einer verhältnißmäßig kurzen Zeit waren alle kleinen Bauernwirthschaften von dem Großcapital aufgesogen, und an ihre Stelle traten großartige Latifundienwirthschaften mit Viehzucht und Sclavenbetrieb.

Der römische Staat verlor damit jenes Volkselement, das ihn groß gemacht hatte, die Bauernschaft. Er mußte seine Legionen zwar nicht wie die syrischen Könige ihre Armeen auf den Sclavenmärkten kaufen, aber die Kriegsgeschichten der folgenden Zeiten beweisen uns, daß das römische Bürgerheer aufgehört hatte zu sein.

Auch bei einer nur oberflächlichen Berührung dieser Zustände ergeben sich eine Menge Vergleichungspuncte zwischen der gegenwärtigen Situation der österreichischen und der deutschen Bauernschaft und jener der römischen zur Zeit der Gracchischen Bewegung.

Wir haben aber in unserer Grundentlastung schon eine colossale Agrarreform durchgeführt, die gewissermaßen eine Vorstufe bildet zur jetzt nöthig werdenden Reform. Die Grundentlastung schuf nämlich erst eine freie Bauernschaft;

sie vollendete das große Werk, welches Maria Theresia und
Kaiser Josef II. begonnen. Diese Reformen beginnen mit den
Robotpatenten Maria Theresias, die den Zweck hatten, dafür
zu sorgen, daß dem Unterthan nicht mehr aufgebürdet wurde,
als er neben der Erhaltung seiner Existenz zu leisten ver=
mochte. Ein zweiter Schritt war das Patent zur Aufhebung
der Leibeigenschaft, erlassen von Josef II. 1781. Darauf
folgte 1789 das Steuerregulirungspatent. Schon früher war
durch die Theresianische Rectification eine Trennung der unter=
thänigen Gründe von den Herrschaftsgründen, des Rusticale
von dem Dominicale vorgenommen worden. Auch suchte es
die Gesetzgebung dem unterthänigen Bauer möglich zu machen,
die auf seinem Grund und Boden haftenden Lasten in andere
umzuwandeln oder sich ganz zu befreien, dieselben zu reluiren
oder zu aboliren, wie die technischen Ausdrücke hierfür lauteten.
Durch die allerhöchste Entschließung vom 14. December 1846
wurde die gänzliche Ablösung solcher Verpflichtungen nicht
blos mittelst Capitalszahlungen, sondern durch Abtretung von
Grund und Boden und insbesondere durch Verwendung des
Gemeindevermögens für die Freilassung ganzer Gemeinden
gestattet. Alle diese Palliativmaßregeln befriedigten die Bauern=
schaft nicht, welche eine imperative Aufhebung des ganzen
Unterthanenverhältnisses forderte. Dadurch kam es zur Grund=
entlastung, welche mit dem Gesetze vom 7. September 1848
angebahnt wurde. Auf Grund der über die Entlastung des
Grundes und Bodens erflossenen Bestimmungen wurden alle
aus dem Unterthänigkeitsverhältnisse entspringenden Arbeits=
leistungen, Natural= und Geldabgaben, welche der Besitzer
eines Grundes als solcher dem Guts=, Zehent= oder Vogt=
herrn zu leisten hatte, gegen Entschädigung abgelöst, während
alle sonstigen aus dem persönlichen Unterthansverbande,
aus dem Schutzverhältnisse, aus dem obrigkeitlichen Juris=
dictionsrechte und aus der Dorfherrlichkeit entspringenden

Rechte und Bezüge einfach ohne Entschädigung aufgehoben wurden.

Damit wurde für unseren Staat das erst geschaffen, womit z. B. im römischen die Agrarbewegung beginnt, nämlich die freie Bauernschaft. Die ganzen Bewegungen in der Bauernschaft können wir bis zu diesem Zeitpunkte nicht anders beurtheilen als die Bewegungen des spartanischen Helotismus oder des Periökenthums.

Aber unsere moderne freie Bauernschaft steht auch bezüglich der Gunst materieller Verhältnisse gegen die römische weit zurück. Während diese außer der persönlich zu leistenden Wehrpflicht ursprünglich mit keiner Abgabe belastet war, drückt unsere Landbevölkerung eine ziemlich einschneidende Reihe von Geldabgaben, die noch vermehrt werden durch jene Leistungen, welche die Versicherungen und andere Forderungen des modernen Wirthschaftsbetriebes erheischen.

Doch auch unser moderner Großgrundbesitz, soweit derselbe die frühere Aristokratie noch repräsentirt, ist mit dem römischen Großgrundbesitze nicht zu vergleichen. Abgesehen, daß er keine Exemtion von den Steuerleistungen genießt, ist er nicht der Repräsentant des mobilen Capitals wie seinerzeit der römische, sondern ist wie das kleine Bauerngut nur ein in Aussicht genommenes Beutestück des modernen Capitalismus. Weiters ist der moderne Großgrundbesitz kein Concurrent des kleinen Grundbesitzers, sondern beide leiden unter der Concurrenz des billigen Getreides, mit dem die Neue Welt den europäischen Markt überschwemmt.

Es ist also die Aufgabe der modernen Staatsregierungen, den mit dem Jahre 1848 geschaffenen Stand im Grundbesitze zu erhalten. Um diesen Zweck zu erreichen, können sie ganz gut aus den alten Agrarverhältnissen lernen. Wir sehen z. B., daß die Freitheilbarkeit der Grundstücke eine Hauptursache der Verarmung des römischen Bauernstandes war, noch bevor ihn das billige Sclavenkorn definitiv ruinirte. Wir sehen, daß der römische Personalcredit und das attische Hypthekenwesen eine gleich ungünstige Wirkung ausübten. Daneben müssen wir in Erwägung ziehen, daß sowohl in Attika wie in Rom für einen regulären Abfluß der Uebervölkerung gesorgt war: In Attika durch die Aussendung von Cleruchien und Colonien, in Rom durch die Auftheilung des eroberten Landes unter die besitzlosen Bürger, während bei uns außer der sehr erschwerten Auswanderung ein solcher regulärer Abfluß der Uebervölkerung nicht stattfindet und eine starke Vermehrung des Proletariats die unmittelbare Folge dieses Zustandes ist. Jede Aufhebung der Freitheilbarkeit der Bauerngüter ohne eine solche Regulirung des Bevölkerungszuwachses würde also die Sache bei uns nur verschlimmern, nicht verbessern.

Es ist aber auch heute möglich, die Freitheilbarkeit der Bauerngüter, wenn auch nicht aufzuheben, so doch auf ein gewisses Maß zu reduciren, ebenso ist es zulässig, den bäuerlichen Besitz bis zu einem gewissen Grade executionsunfähig zu machen, und diese Eximirung von dem Executionsrechte auf einen Theil des beweglichen Besitzes, soweit derselbe zur ordnungsmäßigen Führung der Wirthschaft nothwendig ist, auszudehnen. Für diese großen Zugeständnisse kann der Staat sich einen weiteren Eingriff erlauben und die Unverkäuflichkeit, sowie das Heimfallsrecht an den Staat beim Fehlen von unmittelbaren Leibeserben decretiren. Damit ist die Erhaltung des kleinen Bauernstandes im bisherigen Besitze garantirt, wenn es möglich wird, die von außen drohende Concurrenz zu besiegen.

Bei allen diesen Versuchen berühren sich die Frage der Beseitigung des landwirthschaftlichen und industriellen Proletariats in der allerbedenklichsten Weise. Die Einführung eines Prohibitivsystems zum Schutze der Landwirthschaft wird sofort ein Steigen der Kornpreise und damit ein Acutwerden der socialen Frage im Gefolge haben. Jede Preissteigerung der Lebensmittel bewirkt eine Steigerung der Löhne, und dadurch mehr oder minder heftige Zusammenstöße zwischen dem Capitalismus und dem vierten Stande. Man muß daher auf andere Weise helfen. Das geht nur so, wenn man es unserem Landwirthe möglich macht, so billig zu produciren, wie die Farmer in der Neuen Welt. Die Hauptdifferenz im Preise ergiebt sich durch die moderne Steuerlast, welche unser Landwirth zu tragen hat. Es müssen also Mittel gefunden werden, diese Steuerlast zu verringern, ohne doch die Staatseinnahmen zu schwächen.

Der Staat kann aber eine so weitausschauende Reform, wie sie die Entlastung des Grundbesitzes von den übermäßig hohen Steuern darstellt, nicht im Handumdrehen durchführen. Er hat jedoch durch die Verstaatlichung der Eisenbahnen ein Mittel in der Hand, ein Uebergangsstadium herzustellen durch die Fixirung solcher Tarife für den Getreidetransport, welche das einheimische Getreide mit dem überseeischen concurrenzfähig erhalten. Diese Tarifregulirungen sind nur ein Palliativmittel von beschränkter Wirkungszeit, — aber in Verbindung mit einer so weitausschauenden Reform würden sie ganz ausgezeichnete Dienste leisten.

Der Bauer steht der Reformthätigkeit des Staates nicht unthätig gegenüber. Er sucht sich auch zu helfen, und er geht in der Hauptsache den Weg, den er seitens des Gewerbestandes mit Erfolg betreten sieht. Er sucht sich zu schützen durch Associationen und Productivgenossenschaften, und diese Bemühungen werden erfolgreich unterstützt durch Vorschußkassen, welche die weitere Verschuldung der Bauerngüter hindern und so die Vermehrung des landwirthschaftlichen Proletariats unmöglich machen werden. Was mit dem schon vorhandenen geschehen soll, ist hierdurch nicht bestimmt, aber man darf hoffen, daß es durch eine Hebung des durchschnittlichen Wohlstandes der Bauernschaft wieder aufgesogen würde.

Die gesetzgeberische Thätigkeit des Staates auf dem Gebiete des industriellen Pauperismus ist schon weiter vorgeschritten als rücksichtlich der Agrarverhältnisse. Die Frage selbst ist in Oesterreich nicht alt, sie geht höchstens bis 1860 in ihrer Entstehung zurück, wenn man auf die Metternich'schen Reformen keine Rücksicht nimmt. Noch Minister Giscra konnte sich rühmen, daß die sociale Frage nicht über die Grenzpfähle bei Bodenbach reiche. Er hatte damit die beginnende Gefahr verkannt. Seither sind wir mit dieser Frage sehr vertraut geworden, und sie hat manchem Minister schlaflose Nächte bereitet. Der Staat hat allerdings versäumt, seine Maßnahmen auf Grund einer zuverlässigen Statistik ins Werk zu setzen. Aber diese zu gewinnen, mangelte zunächst die Zeit und vielleicht auch die Gelegenheit. Was bisher seitens der Regierung geschehen ist, zeugt mindestens von entschiedenem guten Willen, und es hat sich auch theilweise bewährt. Daß wir im Allgemeinen in den Fußstapfen der deutschen Socialreform einherwandeln, ist gerade kein Unglück, obgleich es auch nicht als besonderer Vortheil gepriesen werden kann. Der Staat schuf in den Gewerbeinspectoren Aufsichtsorgane, um eine menschenunwürdige Behandlung des Arbeiterpersonales in den Fabriken zu verhindern. Die Institution hat sich bewährt, und sie ist entwickelungsfähig. Ihre weitere Ausgestaltung wird große Vortheile bringen und wird bedeutend dazu beitragen, das drückende Gefühl und den Unmuth im Herzen des Arbeiters, die ihm seine bisherige Schutzlosigkeit erregte, zu beseitigen. Der Staat schuf ferner das Gesetz über die Normalarbeitszeit und über die Sonntagsruhe. Beide Gesetze sind besser gemeint, als sie ausgefallen sind, aber auch hier wird aus anscheinend unbedeutenden Anfängen sich eine große und bedeutungsvolle Reform entwickeln. Diese ersten Schritte waren mehr der idealen Seite der Reformfrage gewidmet. Und hieher könnte man noch die Gewährung des Coalitionsrechtes zählen, die eigentlich den ersten Schritt unserer Socialreform bildet. Aber der Staat beschritt mit dem Kranken= und Unfallversicherungsgesetz auch das materielle Gebiet der Frage. Wir wissen, daß über den Werth dieses Schrittes der Kampf der Meinungen tobt. Aber wir müssen vom ethischen Standpunkte aus erkennen, daß der Staat mit diesem Schritte ein großes Werk gethan hat, mögen die Folgen, welche immer sein. Diese Reformthätigkeit, die sich auch auf die theilweise Sicherung des Personalschuldners gegen die völlige Zerstörung seiner materiellen Existenz erstreckte und die sich allmählich weiter erstrecken und einschneidendere Wirkungen erzielen wird, sichert den Staat gegen den Vorwurf, daß er einseitige Classeninteressen vertrete.

Wir wollen nicht verkennen, daß mit dem Geschehenen wenig gethan ist, aber wir wollen auch nicht verkennen, daß in diesen Anfängen eine große Verheißung für die Zukunft liegt. Die Grundentlastung hat uns die Schrecken der französischen Revolution erspart, die Arbeitsentlastung wird uns vielleicht die Schrecken einer anarchischen Revolution ersparen. Die Staaten und die Menschen können nicht durch große Thaten regiert werden, sondern durch die gerechte Erfüllung der Forderungen des Augenblicks. Auch das Jahrhundert besteht nur aus Secunden, und in der Secunde und Minute vollzieht sich, was für das Jahrhundert bestimmend sein kann. Wer stets den Augenblick zu retten vermag, ist weiser als es scheinen könnte.

Auch auf diesem Reformgebiete kämpft der Staat nicht allein. Ihm zur Seite gehen die Bestrebungen derer, denen Hülfe gebracht werden soll. Die Macht der Association wird von den Arbeitern und Gewerbetreibenden erkannt, und sie suchen dieses Hilfsmittel zu einer Vertheidigungswaffe gegen den Capitalismus umzugestalten. Sie begehen manchen Fehlgriff dabei, aber die Associationen, Productivgenossenschaften, Vorschußvereine erweisen sich doch von einer überaus segensreichen Wirksamkeit, und sie können in weiterer Ausgestaltung einen Wall bilden, hinter dem auch der kleine Gewerbsmann und der Arbeiter wieder so behäbig wohnen wird, wie einstens sein Ahnherr unter dem Schutze der Zunftverfassung. Wer kann übersehen, daß die allgemeine Noth und oftmals auch die Aussichtslosigkeit des Kampfes eine tiefe Verbitterung in den Herzen der Menschen hervorgerufen hat? Wer wollte leugnen, daß häßliche Leidenschaften nackt auf offenem Markte sich zeigen, und daß die Zeit für jene Elemente gekommen scheint, die sonst im Finstern wandeln und die offene That scheuen? Aber dieser Fieberparoxismus wird vorübergehen, wenn die Besonnenen begreifen, daß alles, was sie thun, ein ernstes Thun sein müsse, und wenn infolge gemeinsamer Thätigkeit auch der allgemeine Wohlstand sich wieder heben wird. Bringt Noth Zwist unter die Ehegatten, wie sollte sie nicht die Bürger entzweien? Der Staat möge sorgen, daß er das öffentliche Gemeinwesen vor jenem Niedergange schütze, der nicht aus einem waltenden Verhängnisse, sondern aus politischen Gegnerschaften entspringt. Er möge die Wirkung der Unzufriedenheit, die im Bürgerzwist sich äußert, nicht gering anschlagen, sondern erwägen, daß kein Vortheil größer sein kann als jener, der ihm aus dem Glücke aller seiner Bürger erwächst.

So hätten wir denn die Gestaltung des officiellen Kampfes gegen die Armuth umschrieben. Wird denn nur in dieser Form mit der Armuth Krieg geführt? Diese Waffen kehren sich doch alle nur gegen einen künftigen Feind! Was aber geschieht mit demjenigen, der uns gegenwärtig bedrängt, der in jeder Stunde neu uns anfällt, der ununterbrochen bestrebt ist, uns aus unseren Schanzen zu jagen und von dem Besitz zu ergreifen, was wir als die höchsten Güter des Menschengeschlechts verehren? Ach, der Staat kann die Armen nicht reich machen! Die Woge geht über den Schiffbrüchigen hinweg, oder sie schleudert ihn an die Klippe. Im großen Sturme des menschlichen Fortschrittes werden viele Blumen geknickt, viele Saaten zertreten, viele Knospen zerstört, aus denen freudiges Leben keimen konnte. Der Staat kann nicht erhalten, was verloren ist, er kann und will nur vor neuen Verlusten bewahren, die Erhaltung ist Aufgabe der menschlichen Gesellschaft selbst. Und die menschliche Gesellschaft hat sich dieser Pflicht, seit sie unter dem Banne der christlichen Weltanschauung steht, nie entschlagen. Der Heidengott lächelt, da man die Leiche seines Freundes Pericles vorüberträgt, der Christengott beugt sich vom Kreuze herab zu dem Sterbenden und öffnet ihm das erblindende Auge für die Herrlichkeiten jener Welt, zu der er ihm den Eingang erstritten. Am Fuße des Kreuzes steht die Mater dolorosa mit dem Schwerte im Herzen, und aus dieser Auffassung des Gottesbegriffes erwuchs die große, die göttliche Idee des Mitleids.

Das Mitleid hat nicht nur eine ethische Bedeutung, es hat auch eine materielle. Es ist die Antwort auf den Klageruf der Enterbten, es ist der Schlachtruf gegen die Lehren der Pessimisten, es ist der befreiende Lichtstrahl, der dem Menschengeschlechte den Pfad zu einer höheren Civilisationsstufe beleuchtet. Was der Staat nicht kann, das kann das Mitleid. Es stillt die Seufzer der Klagenden, es trocknet die Thränen der Armen und Hungernden, es wärmt die Glieder der Frierenden, es leuchtet den Armen im Geiste, damit auch sie theilhaftig werden des geistigen Vermögens der Gesammtheit, es gleicht die Unterschiede aus, die Glück und Zufall zwischen gleiche Menschen geworfen. Das Mitleid ist die göttliche Kraft, welche die ascetisch=christliche mit der hellenisch=heidnischen Welt=

anschauung versöhnt, die ein neues Zeitalter erstehen läßt, in welchem die übermenschliche, weil unnatürliche Heiterkeit der Glücklichen, die theilnahmslos über die Seufzer des Menschengeschlechtes hinweg ihr Evoë Baccho riefen, mit dem finstern Ernste des Mittelalters, der in der Peinigung des eigenen Leibes Befriedigung suchte für die düsteren Seelenqualen der Ascese, zu einem Ausgleich gelangen wird.

Wer ein echter Bürger des neunzehnten Jahrhunderts ist, mag er den Kittel des Arbeiters tragen oder die Fürstenkrone, beugt sich vor dieser großen Gewalt, der die Gestaltung der Zukunft von dem Schicksale anheimgegeben ist. Wie Odin in Walhalla sitzt und seine Walküren aussendet, damit sie die Helden, die im Kampfe gefallen, vor sein Antlitz führen, so thront das Mitleid hoch erhaben über dem Toben des erbitterten Kampfes der Menschheit und sendet seine Walküren aus, um die Verblutenden in diesem Kampfe mit sanften Armen aufzuheben und weich zu betten in seinen Schoß. Und wer hinauszusehen vermag mit seinem geistigen Auge auf das Schlachtfeld des menschlichen Wettbewerbes, der wird neben den Heeren der Kämpfenden das noch viel größere der Göttin Mitleid erblicken. Es ist ein Heer gar seltsam zusammengesetzt. Da siehst du die Ritter des Geistes, die blanken Waffen schwingend zum Schutze der Bedrängten, vorne in den ersten Reihen stehend, wo die Kugeln am sichersten töbten, wo die Schwerter am schwersten verwunden. Sie kämpfen nicht um Sold, denn jene, für die sie kämpfen, sind arm, sie kämpfen nicht um Ehre, denn jene, für die sie kämpfen, sind die Parias der Gesellschaft, sie kämpfen nicht um Macht, denn jene, für die sie kämpfen, liegen auf der Erde, und die Unterdrücker haben ihnen den Fuß auf den Nacken gesetzt. Aber gleichwohl kämpfen sie den Kampf, und ihr Lohn wächst ihnen empor aus der Freude des eigenen Herzens, Streiter zu sein im Dienste der Göttin Mitleid. — Dann siehst du jene, die

Herrschaft erlangten über irdische Dinge. Die Zahl dieser Streiter ist klein, und der Spott ihrer früheren Genossen verfolgt sie, aber doppelt so groß sei deshalb ihr Ruhm. — Dann siehst du die Ritter der Arbeit, die den Pfennig mit dem Bruder theilen und die schwielige Hand ausstrecken, um den siechen Genossen zu tragen, damit er nicht strauchle. Sie alle sind Helden, deren Thaten kein unvergängliches Epos schildern wird, deren Namen nicht einmal ihre Zeitgenossen kennen, die ruhmlos und vergessen sein werden. Sie wissen es, daß es also ist, und sie gehorchen trotzdem dem sanften Rufe der großen Göttin Mitleid.

Und nun siehst Du das Corps der Amazonen, die im Dienste dieser Göttin stehen. Du siehst die vornehmen Frauen und Jungfrauen neben dem armen Weibe aus dem Volke in gleichem Thun. Unter ihren Händen waltet Segen, aus ihrem Lächeln sprießen Blumen, und Freude geht einher vor ihren Schritten. Dieses große Heer der Göttin Mitleid ist den eisernen Colonnen des Mars nicht zu vergleichen. Denn nicht die starke Faust macht hier den starken Krieger. Wer, glaubst Du wohl, ist der Stärkste in diesem Heere? Sieh' her, ich will ihn Dir zeigen: Dieses kranke Weib mit dem Todeskeim in der Brust, mit dem blutigen Schaum auf den Lippen, das, der eigenen Schmerzen, der eigenen Armuth uneingedenk, den verlassenen Säugling von der Straße aufhebt und an das Herz drückt, um ihn zu erwärmen; dies ist der Achilles dieses Heeres, und kein Gott des alten Olympos, auch nicht der Donnerer Zeus, hat solche Gewalt geübt über alle Zeiten wie dieses schwache, sterbende Weib!

Die Idee der menschlichen Gleichberechtigung hat die Macht des Mitleids geboren. Das achtzehnte Jahrhundert hat sie zur Ausgestaltung gebracht; unter den deutschen Classikern war Herder einer der ersten und vornehmsten Verkünder derselben. Ich erlaube mir, nur wenige Zeilen aus einem seiner

Gedichte hier wiederzugeben, weil dieselben fast den ganzen Gesichtskreis umschreiben, den die Humanitätsidee des achtzehnten Jahrhunderts beherrschte:

„Verlorner Sohn!
Wie? Hast Du keinen Vater? Keine Mutter?
Und keinen Freund und Armen, dem Du jetzt
Beispringen könntest? Bist vom Himmel Du
Entsprossen? Keinem Menschen aus der Welt
Verbunden oder werth, daß ihm ein Theil
Von Dir gehörte? — Sieh das kleine Volk
Ameisen. Jede wirket insgemein,
Und ohne Eigenthum hat jede genug!"

Die Keime jener Idee, die in diesen Worten enthalten sind, haben sich heute voll entwickelt und in die verschiedenen Richtungen getheilt, welche wir vor unseren Augen haben vorüberwandeln sehen. Auch wir werden auf dem Standpunkte von heute nicht verweilen. Der lang gesuchte Ausweg aus dem Wirrsal der Fragen, die uns bedrängen, ist beschritten, und er wird zum Ziele führen. Dieses Ziel kann nichts anderes sein, als die Errichtung einer neuen Grundlage für die menschliche Gesellschaft, auf der sie Raum findet, der jetzigen Ausdehnung entsprechend sich einzurichten. Die Erreichung dieses Zieles wird die nachkommenden Geschlechter des gleichen Strebens nicht entbinden. Auch sie werden dafür zu sorgen haben, daß ihnen der Bau des Staates nicht zu enge werde.

Darum werden vieler Menschen Geschlechter in künftigen Tagen auf unser Wirken zurückschauen, aus unseren Kämpfen lernen, mit unseren Leiden weinen und mit unseren Freuden sich trösten. Längst ist Tiberius Gracchus dahin, die Menschen sind todt, für die er kämpfte, der Staat ist zerfallen, für dessen Erhaltung er wirkte. Und doch feuchtet sich unser Auge, wenn seine Gestalt über unsere Bühne schreitet, und wir fühlen es, daß zwei Jahrtausende keine trennende Schranke sind für das geistige Streben der Menschen.